KB273745

생각하라

그리고

부자가 되어라

하루 10분 생각하라 그리고 부자가 되어라

나폴레온 힐 부와 성공의 원칙

나폴레온 힐 지음
이한이 옮김

반니

꿈꾸고 행동하는 사람에게
지금만큼 기회가 널려 있는 때는 없었다.
이제 새로운 경주가 시작되려 한다.

– 나폴레온 힐

나폴레온 힐의 《생각하라 그리고 부자가 되어라》는 역사상 최고의 자기계발 프로그램을 빠르고 효율적으로 공부하고 실천하게 해준다. 이 책은 《생각하라 그리고 부자가 되어라》에서 뽑은 핵심 성공 원칙과 지침, 일화 들을 현대적이고 읽기 쉬운 언어로 가다듬어 제시한다. 따라서 하루 10분만 투자하면, 어떤 자기계발 프로그램보다 백만장자와 최고의 인플루언서들을 많이 배출한 성공 체계를 완벽히 습득할 수 있다.

1937년 처음 발행된 《생각하라 그리고 부자가 되어라》는 대공황의 끝자락에서 열세 단계의 성공 원칙을 통해 사람들이 부를 일구도록 도왔다. 이 책에는 경제적 독립, 조화로운 인간관계, 힘, 행복, 자아실현, 심리적 안정과 관련한 핵심 지침이 담겨 있다. 비용을 치르기만 한다면 어떤 형태의 부든 손에 넣을 수 있다. '생각하면', 다시 말해 마음을 넓게 열고, 자신의 생각을 다스리고, 자신이 가용할 수 있는 광범위한 정신적 자원을 이용하면, 열망을 물리적 실체로 바꿀 수 있다. 제아무리 바쁜 스케줄 속에서라도 《하루 10분, 생각하라 그리고 부자가 되어라》와 함께 이 같은 정신 활동에 집중한다면, 성공으로 한 발 한 발 확실히 나아갈 수 있을 것이다.

이 책에서는 힐이 정립한 열세 가지 성공 원칙을 각 장마다 한 단계씩, 핵심 교훈들을 신중하게 정리해 소개한다. 하루 한 장씩 읽어라. 그러면 부로 나아가는 단계들을 하나하나 완벽히 습득하게 될 것이다. 한 장씩 시간을 들여 개념과 실행 방법을 완벽히 소화하고 난 뒤 다음 장으로 넘어가라. 한 장을 다 읽고 나면 잠시 멈추고, 그 장에서 배운 성공 원칙을 곰곰이 곱씹어보고, 각 장 말미에서 제시하는 행동 수칙Action Item을 완수하라. 그리고 (시간 여유가 있다면) 앞으로 돌아가서, 보충하고 싶은 부분을 다시 찾아 읽고, 그때그때 떠오른 생각을 여백에 메모하라.

힐은 이렇게 말했다. "성공의 잠재력이 아무리 큰 사람이라도, 그 잠재력을 현실로 전환하지 않는다면 소용이 없다." 자, 이제 힐의 검증된 성공 프로그램의 도움을 받아 당신의 목표를 본격적으로 실천할 때다. 하루 10분이면 충분하다!

성공의 비밀

●

생각하지 못한 것은 이룰 수 없다.

나폴레온 힐에 관해

나폴레온 힐은 1883년 버지니아주 와이즈카운티 파운드 강변의 작은 오두막에서 태어났다. 열세 살에 조그마한 지방 신문사에서 산악 리포터로 글 쓰는 일을 시작했다. 이후 1908년에 전국에 배포되는 비즈니스 잡지에서 청년 특별 기고가로서 철강왕 앤드루 카네기Andrew Carnegie와 인터뷰했다. 인터뷰를 하는 동안 카네기는 자신을 억만장자로 만들어준 비밀을 그에게 들려주었다. 그것은 인간의 마음이 지닌 마법, 즉 인간의 마음이 지닌 놀라운 힘에 관한 심리 법칙으로, 그때까지는 잘 알려지지 않은 내용이었다.

이 마법의 법칙을 스스로 발견할 시간과 자원이 없는 사람에게 나누어주어야 한다는 믿음으로, 카네기는 힐에게 20년 이상을 바쳐 이 법칙을 성공 철학으로 계발하는 일을 맡겼다. 힐은 무급으로 이 일을 했다. 카네기는 힐이 미국 비즈니스계의 위대한 리더 500명 이상을 만날 수 있도록 주선했을 뿐이다. 조사 작업 및 집필이 시작된 지 29년 후인 1937년에 힐은 《생각하라 그리고 부자가 되어라》를 출간했다. 성공학의 핵심을 이루는 열세 가지 법칙을 담은 이 책은 출간 후 전 세계적으로 1억 부 이상이 판매되었다. 그리고 수많은 백만장자, 문화계의 아이콘, 선도적인 리더 들이 자신의 성공을 이 책에 돌렸다.

장애를 기회로 바꾸기

힐은 대공황 시기에 《생각하라 그리고 부자가 되어라》를 집필했다. 그래서 이 책 초판에는 '가난이 분한 사람들을 위해'라는 표제가 붙어 있다. 힐은 단순히 부자가 되려는 사람들을 도우려고 이 책을 쓴 것이 아니라 사람들이 스스로 가난에서 벗어나도록 격려와 수단을 제공하려는 목적에서 썼다. 또한 부를 일구는 열세 가지 법칙은 다른 형태의 부를 일구는 데도 똑같이 활용할 수 있다. 이를테면 돈독한 우정이나, 건강한 가족 관계, 탄탄한 사업상 관계, 힘, 명성, 영향력, 자기 이해, 마음의 안정 등을 얻는 데도 힐의 법칙은 유효하다.

카네기를 비롯해 자수성가한 백만장자들을 인터뷰하면서 힐은 (학력, 자원, 기술에 관계없이) 부자가 되는 데 활용할 수 있는 법칙들이 존재한다는 사실을 발견하고, 그 정보를 세상에 나누어주는 것을 인생 목표로 삼았다. 자서전에서 힐은 이렇게 썼다. "나는…… 구명조끼를 던지고 있다. 말하자면 인생이라는 불확실한 대양으로 떠밀려간 사람들, 과거 구조 기회를 기다리며 몸부림치던 나 자신이 있던 그곳으로 떠밀려간 사람들에게 말이다."

《생각하라 그리고 부자가 되어라》는 대공황을 끝내는 데

일조했다고 여겨진다. 그 이후로 이 책은 전 세계, 수 세대에 걸쳐 사람들이 스스로 자신의 운명을 개척하고 성공을 손에 넣게 했다. 이 책은 전 세계적으로 어떤 프로그램보다 많은 백만장자를 배출했다.《생각하라 그리고 부자가 되어라》가 불운에 처하거나 일시적 실패, 혹은 거절을 경험한 사람들에게 해당 상황을 견딜 수 있는 강한 정신력을 갖추게 해주기 때문이다. 이 책은 성공'학'인 동시에 하나의 기술이다. 힐은 이렇게 말한다.

"실패를 기회의 디딤돌로 바꾸는 기술."

이 책을 읽는 법

이 책은 1937년에 출간된 힐의《생각하라 그리고 부자가 되어라》를 바탕으로 핵심 원칙, 지침, 사례 들을 추출했다. 따라서 제아무리 바쁜 독자라 할지라도 힐의 저술에 담긴 불변의 지혜를 습득하고 이득을 얻을 수 있다. 핵심 용어를 처음 소개하거나 강조할 때는 굵은 글씨로 강조하고, 각 장 말미에 행동 수칙을 부가해 독자들이 해당 장의 교훈을 빠르고 효과적으로 습득하도록 했다. 또한 개념들은 현대적인 표현으로 가다듬어서 읽기 쉽게 했다.

1937년 초판의 서문에서 토머스 에디슨Thomas Edison의 오랜 동업자였던 밀러 리즈 허친슨Miller Reese Hutchison 박사는 "《생각하라 그리고 부자가 되어라》가 주는 메시지를 다루는 가장 유효한 방법은 하루 한 장(챕터)만 읽고, 그 내용을 지속적으로 살펴보고 숙고해보는 것"이라고 말했다 또한 인상적인 내용에는 밑줄을 긋고, 나중에 다시 그 부분을 펼쳐서 읽고 생각해보라고 권했다. 그렇게 하면 그 내용을 완전히 흡수해 성공 원칙들을 자신의 상황에 맞게 적용할 수 있다고 보았다. 이 책에서도 똑같은 원칙이 적용된다. 한 장을 읽고 완전히 소화했다고 여겨지면 다음 장으로 넘어가라.

또 다른 방법으로 힐 자신은 제9장에서 설명하는 조력집단의 법칙을 활용해 독서 모임에서 《생각하라 그리고 부자가 되어라》를 공부해보라고 제안했다. 독서 모임 같은 형태는 힐의 성공 철학의 토대가 된 수백 명의 비즈니스 리더들의 지혜를 이용할 수 있게 해줄 뿐 아니라, 모임원들이 이 책을 읽으며 떠올린 새로운 지식 자원들을 계속 보충해 내용을 확장해나갈 수 있게 해준다. 《하루 10분, 생각하라 그리고 부자가 되어라》를 독서 모임에서 선정해 읽어보아라. 책을 읽으면서 이 책과 당신과 모임 동료들의 내면에서 일어난 부의 아이디어를 골라내고 발견하라.

성공은 자기 안에 있다

힐은 초판 서문에서 가장 가치 있는 부는 《생각하라 그리고 부자가 되어라》를 읽으며 나타난 자기 발견에서 찾을 수 있다고 수차례 언급했다. 자기 발견을 독려하고자 힐은 카네기를 비롯해 수많은 기업가 및 선도적 리더들의 성공을 이끈 핵심 비밀을 구체적으로 명시하지 않았다. 독자들이 스스로 비밀을 발견하고, 자신에게 보다 잘 맞게 변형하기를 바랐기 때문이다. 대신 다음과 같은 단서를 제시했다. "성공과 부는 모두 하나의 아이디어에서 시작된다!"

많은 사람들이 그 비밀이 무엇인지 논쟁하는 사이, 힐은 《생각하라 그리고 부자가 되어라, 마음 편Grow Rich! with Peace of Mind》에서 그 질문에 대답했다. 제14장에서 그는 이렇게 썼다. "인간의 마음은 자신이 믿는 것은 무엇이든 달성해낸다. 이것이 가장 큰 비밀이다. 진심으로 마음 깊은 곳에서 자신이 막대한 부를 일구리라고 믿으라. 그러면 이루어질 것이다." 즉 "인간의 마음이 포착하고 믿는 것은 무엇이든 이룰 수 있다"는 말이다. 이 내용은 《생각하라 그리고 부자가 되어라》에서 처음 언급되었으며, 《부의 마스터키The Master-Key to Riches》에서 보다 상세히 설명된다. 《생각하라 그리고 부자가 되어라》의 '들어가는 글'에서 기술한, 우리 인생에 필요한 세력, 사람, 상황을 끌어당기는 생각의 힘은 열세 가지 성공 철학의 기본 토대다. 궁극적으로 우리가 지닌 생각과 정신이 성공의 비결이라고 말할 수 있다.

이 사실을 알고 성공 비결을 요약한 이 책을 읽는다고 해서 당신이 얻어낼 결과가 축소되지는 않을 것이다. 오히려 읽어나가면서 내면에서 떠오르는 생각들을 신중하게 받아들이게 해줄 것이다. 힐의 설명에 따르면 열세 가지 성공 원칙은 부를 일구는 탄탄한 전략을 제공하지만, 사실상 당신이 성공하는 데 장애물이 되는 것을 드러내는 역할도 한다. 그것은 성공 원칙들을 곰곰이 숙고하는 동안 당신 안에서 나온 것이다.

이러한 돌파구가 나타나고, 성공 원칙이 효과를 발휘하려면 자신이 무엇을 바라는지 알아야만 한다.

행동 수칙: 목적을 명확하게 규정하라

힐은 이 책을 최대한 활용하려면 자신이 무엇을 바라는지 알아야 한다고 말한다. 당신의 목표는 무엇인가? 명확하게 규정하라. 당신이 가장 깊이 열망하는 일은 무엇인가?

차례

프롤로그

생각이
현실이 된다

이 책의 성공 원칙들을 활용하면, 생각이라는 보이지 않는
자극이 물리적 형상을 띠고 나타나게 된다.

생각하라 그리고 부자가 되어라

●

성공을 이루는 데 필요한 것은 견실한 한 가지 아이디어뿐이다.

이 책의 제목을 《생각하라 그리고 부자가 되어라》라고 붙인 이유가 있다. 부는 마음에서 시작되기 때문이다. 우리의 생각, 특히 **명확한 목표, 끈기, 열망**을 지니고 의도적으로 다스린 생각은 삶에서 물리적 형상을 띠고 나타난다. 일단 생각이 부를 끌어당기기 시작하면(하지만 그것을 명확히 규정하는 사람은 당신이다), 계속 부를 풍부하게 쌓아나가고, 마주치는 모든 것이 성공을 뒷받침하는 자산이 된다.

에드윈 반스Edwin Barnes는 자신의 마음을 이용해 무일푼에서 부자가 되었다. 그는 **목표를 명확히** 규정했다. 바로 당대 최고의 발명가 토머스 에디슨의 동업자가 되겠다는 것이었다. '명확한 목표'에는 다음의 몇 가지 결정적인 특징이 있다.

- 구체성: 반스는 에디슨 '밑'에서 일하고 싶었던 것이 아니다. 그는 에디슨과 '함께' 일하고 싶었다.

- 열망: 강력한 생각, 즉 끓어오르는 열망이 추동력이 된다.

- 결단력: 포기하지 않고, 일시적인 실패에도 굴하지 않도록 단단히 결심한다.

반스의 앞에는 두 가지 큰 장애물이 놓여 있었다. 먼저 그는 에디슨과 아는 사이도 아니었고, 에디슨의 실험실이 있는 뉴저지의 이스트오렌지East Orange로 갈 기찻값조차 없었다. 하지만 그의 열망은 무척이나 거대했으며, 그의 생각은 확고한 목표에 완벽히 집중되어 있었다. 따라서 이러한 장애는 큰 문제가 아니었다. 그는 화물열차에 뛰어올라 에디슨의 연구소로 갔다. 그리고 그곳에서 에디슨의 동업자가 되겠다고 대범하게 선언해 사람들을 크게 놀라게 했다.

반스를 만난 에디슨은 반스에게 일자리를 제안했다. 반스가 영리한 말을 했거나 멋지게 차려입었기 때문이 아니었다. 그의 강인한 생각을 드러내는 표정 덕분이었다. 에디슨은 이렇게 말했다. "진실로 무언가를 깊이 열망해 그것을 얻고자 하나의 변곡점에 자신의 미래를 건다면, 반드시 그것을 얻어내게 된다."

에디슨은 반스를 동업자가 아니라 수습사원으로 고용했다. 누군가는 이러한 결과에 실망하고 낙담하겠지만, 반스는 그것을 일시적인 실패로 바라보고 상황에 잘 대처했다. 일시적인 실패에는 종종 기회가 도사리고 있다. 반스는 자기가 제안받은 자리가 능력을 보여줄 기회라고 여겼고, 그에 따라 열망은 모든 것을 거는 수준의 열정으로 커져갔다. 이런 자세 덕분에 그는 기회가 다가왔을 때 그 기회를 즉시 확인하고 행동에 옮길 수 있었다.

에디슨이 에디폰Ediphone이라는 에디슨 구술 기계Edison Dictating Machine를 발명했을 때였다. 판매 제휴처들은 구매자들이 제품에 별로 흥미를 느끼지 못하리라고 생각하고 판매를 꺼렸다. 반스는 이 일이 자신에게 기회임을 알아차리고 그것을 붙잡았다. 그는 에디슨에게 가서 자신에게 에디폰을 판매할 기회를 달라고 부탁했다. 그리고 보기 좋게 그 기회를 살려냈다. 성공에 대한 열망과 지극한 헌신으로 반스는 백만장자가 되고, 그 과정에서 에디슨의 동업자가 되는 등 막대한 성공을 거두었다.

인내

●

기회는 뒷문으로 슬그머니 들어오는 고약한 습성을 지녔다. 종종 불운이나 일시적인 실패라는 가면을 쓰고 찾아오기도 한다.

실패는 능력이 없어서가 아니라, 일시적인 실패를 겪었을 때 수건을 던지고 링에서 내려오기 때문에 일어난다. 다시 말해 확실하게 실패하는 방법은 그것을 포기하는 것이다. 이제부터 소개할 R. U. 다비R. U. Darby의 이야기는 인내의 가 치를 보여준다. 인내란 힘든 상황이 닥쳐와도 목표를 계속 밀고 나가는 능력을 말한다.

다비의 삼촌은 골드러시gold rush(1948년 캘리포니아주에서 금이 발견되어 사람들이 금을 채취하려고 너도 나도 금광 지역으로 몰려들던 시대 ― 옮긴이) 시절 황금병에 걸려 서부로 향했고, 다행히 금맥을 발견했다. 하지만 금을 채굴할 장비가 없었던 삼촌은 고향으로 돌아와 이웃들에게 돈을 빌렸다. 그리고 그 자금으로 필요한 장비를 구매한 뒤 다비와 함께 다시 금광으로 갔다. 그곳에서 다비와 삼촌은 자동차 한 대 가치의 황금을 채굴했으나 딱 거기까지였다. 더 이상의 금은 발견되지 않은 것이다. 금광 채굴에 실패했다고 판단한 다비와 삼촌은 채굴 장비를 고물상에게 고작 수백 달러에 팔아넘겼다.

다비에게서 장비를 구입한 고물상은 광산 기사를 고용해 광산을 재조사했다. 광산 기사는 고물상에게 금맥은 종종 단층선을 따라 형성되는데, 이전 주인들이 그 사실을 몰랐던 것 같다고 알려주었다. 고물상은 다비와 삼촌이 원래 팠던 자리를 좀 더 파내려갔고, 다비와 삼촌이 굴착을 멈추었던 곳의 바로 '1미터 아래'에서 금맥을 발견했다. 고물상은 실패에 무릎 꿇지 않고, 전문가의 조언을 구한 덕분에 마침내 수백만 달러의 황금을 발견했다.

다비 역시 자신의 불운에서 허우적대지만은 않았다. 그 불운에서 교훈을 배워 후일 생명보험 업계에서 큰 성공을 거두었다. 그는 부의 진정한 원천은 우리의 생각이라는 사실을 깨달았다. 그리고 생각에는 인내, 열망, 명확한 목표가 뒷받침되어야 한다는 사실도 알았다. 후일 다비는 금광 사업으로 진 빚을 모두 갚고, 매년 수백만 달러어치의 생명보험을 판매하는 성공한 영업인이 되었다. 힐이 인터뷰한 500명 이상의 미국 역사상 가장 성공한 비즈니스맨들이 알았던 사실을 다비 역시 알았다. 바로 놀랍고도 큰 성공은 종종 패배가 우리를 덮쳐온 바로 그 순간, 한 발자국만 '앞으로 나가면' 찾아온다는 것이다.

끌어당김의 법칙

●

우리 마음을 지배한 중심 생각은 자성磁性을 가지고 있다. 그리하여 그 생각에 부합하는 세력, 사람, 환경을 끌어당긴다.

우리의 정신은 자석과 같아서 우리가 생각하는 대상을 끌어당긴다. 대부분의 사람들은 이 원리를 유리하게 이용하지 못한다. 우리는 성공이 아니라 실패를 의식적으로 생각하기 때문이다. 여기에는 두 가지 의미가 있다.

① 불가능하다는 생각에 초점을 맞춘다. 무엇을 할 수 없는지, 무엇이 효과가 없을지를 생각한다.
② 자신이 생각한 한계가 진짜 한계라고 여긴다.

헨리 포드 Henry Ford 는 성공에 대한 생각을 의식적으로 계발해 성공한 사람의 훌륭한 사례다. 포드는 한 블록에 여덟 개의 실린더를 넣은 엔진인 V8 모터를 개발하려고 생각했다. 하지만 포드의 기술자들은 그러한 엔진을 만드는 것은 불가능하다고 주장했다. 기술자들의 반발에 포드는 이렇게 요구했다. "어쨌든 만드시오!" 1년 간 수차례 실패를 겪었음에도 포드는 기술자들에게 계속 연구를 진행하라고 지시했다. 포드의 생각은 가능성에 관한 당대의 생각에 얽매이지 않았다. 그는 V8 모터를 만들 수 있다고 생각했고, 기술자들은 마침내 V8 모터를 만드는 방법을 알아냈다. 포드의 사례는 W. E. 헨리W. E. Henley의 시 마지막 구절이 시사하는 중대한 진실, 즉 "나는 내 운명의 주인이요, 내 영혼의 선장이다"를 보여준다.

우리는 자신의 생각을 다스릴 수 있다. 따라서 자신이 맞이할 결과도 다스릴 수 있다. 우리의 생각은 삶에서 그대로 실현된다.

이 우주에 존재하는 모든 사물은 물론, 우리가 하는 생각은 주파수를 가지고 있으며, 그 주파수는 물리적 형태로 발현될 출구를 찾는다. 생각은 자신에게 동조하는 세력, 사람, 환경을 자석처럼 끌어당긴다. 여기에서 기억해야 할 핵심은 이 법칙이 파괴적인 생각이든 건설적인 생각이든 가리지 않는다는 점이다. 부에 대한 생각만이 아니라 가난에 대한 생각 역시 물리적 실체로 '전환된다'(다시 말해 에너지의 형태에서 다른 형태로 바뀐다). 그러므로 우리는 가난에 대한 생각을 버리고 의식적으로 성공을 생각해야 한다.

행동 수칙: 마음을 자석처럼 만들어라

잠시 시간을 내어 다음의 질문에 답하라. 당신의 머릿속을 지배하는 생각은 무엇인가? 건설적인 생각인가, 파괴적인 생각인가? 생각을 성공의 주파수에 맞춤으로써 마음을 자석처럼 만들어라. 파괴적인 생각을 성공 지향적인 생각으로 바꾸라. 그리고 당신의 목적이 세상에 가치를 가져다줄 것이라는 자신감이 반영된 새로운 생각을 하라. 마침내 성공하리라는 사실을 믿어라. 매일 아침 일어나서 한 시간 안에 자신에게 이 같은 생각을 반복적으로 표현하라. 그러면 재화든, 혹은 어떤 형태의 부든 당신의 인생으로 끌려올 것이다.

제1장

부에 이르는 첫 번째 원칙

열망

열망, 모든 성과의 출발점

다리를 불태워라

●

어떤 일이든 성공하려면, 배를 불태우고 모든 퇴로를 차단해야
한다.

성공한 사람과 실패한 사람을 가르는 특성은 바로 열망이
다. 열망은 성공할 수 있다고 계속 집중해 생각하는 마음
가짐이다. 열망을 그것의 나약한 형제들, 즉 '희망'이나 '소
망'과 착각해서는 안 된다. 열망의 특징은 다음과 같다.

① 분명하다. 대상이 구체적이다.

② 지배적이다. 혹은 모든 것을 아우른다.

③ **믿음**이 뒷받침한다.

믿음은 자신이 열망하는 대상을 얻어낼 것이라는 사실
을 확신하는 마음가짐이다. 이 믿음은 첫째, 기회가 다가온
순간 그것을 알아보고, 둘째, 그 즉시 기회에 반응할 채비

를 함으로서 목표를 손에 넣을 수 있게 하는 준비 단계다. 자신이 바라는 것을 얻어낼 수 있다고, 그리고 얻어내게 되리라고 '믿어야' 그것을 '받을' 준비가 된다.

믿음은 외곬로 집중함으로서 단단해진다. 자신의 열망을 물리적 실체로 전환하는 데 성공하는 사람은, 대개 목표와 관계없거나 도움이 되지 않는 활동과 자기 자신 사이에 놓인 다리를 모조리 불태운다. 즉, 목표에 진심으로 온 열정을 다해 매진하지 못하게 방해하는 모든 관계에서 벗어난다.

힐은 군사를 이끌고 적지에 닻을 내리게 된 한 전사의 일화를 들려준다. 그 전사는 수적 열세를 깨달은 뒤 자신들이 내린 배를 모두 불태우고 나서 이렇게 소리쳤다. "승리 아니면 죽음뿐이다!" 이 일은 군사들에게 역경을 이겨내야만 하는 동기를 부여했다.

에드윈 반스 역시 에디슨의 연구소에 가서, 에디슨의 동업자가 되리라는 믿음에 모든 것을 걸었을 때 자신이 되돌아올 다리를 모두 불태웠다. 그는 허드렛일을 하는 자리를 받았지만 그 자리에서도 지치지 않고 열심히 일했고, 후일 기회가 찾아왔을 때 그것을 움켜쥐었다.

시카고에 본사를 둔 마셜필드 백화점의 창업주 마셜 필드Marshall Field 역시 명확한 목표에 헌신하고 꾸준히 밀어붙이는 일이 어떤 힘을 발휘하는지 보여주는 대표적인 사례다. 사업 초기, 그와 시장 상인들은 점포가 불타는 불운을 겪었다. 상인들은 다른 지역으로 이주해 새로 시작하는 쉬운 길을 따랐지만, 필드는 시카고에 남아 상점을 재건하기로 했다. "여러분, 바로 이 자리에 저는 세계에서 가장 큰 상점을 세울 겁니다. 몇 번이고 불타도 상관없습니다." 바로 그 자리에 세계에서 가장 큰 상점을 '세울 것'이라는 믿음이 그에게 고난을 기회로 만들어 업계 선도자가 되게 해주었다. 그는 불탄 상가의 잔해 속에서 백화점이라는 과실을 보았고, 불타는 열망은 그에게 성공이 아니면 받아들이지 않게 했다.

상상력

막대한 부를 일군 모습을 상상할 수 없다면, 통장 잔고에서 부를 볼 수 없다.

믿음에는 상상력이 필요하다. 상상력이란 머릿속으로 인지한 한계를 뛰어넘는 생각을 하고, 열린 마음으로 모든 아이디어와 기회에 다가가는 능력이다. 상상력은 하나의 위대한 아이디어를 성공시킨다. 중요한 것은 마음속에서 떠오르는 아이디어 하나하나를 넓은 마음으로 곰곰이 생각해보면서 그것의 가능성을 확인하는 것이다.

꿈을 현실로 만들기 위해서는 시각적으로 그려보아야 한다. 카네기가 실행했고 에디슨이 받아들인 다음의 여섯 단계 지침은 힐의 성공 원칙의 토대로, 열망을 재화적·물리적 실체로 전환하는 데, 혹은 명확한 목표를 달성하는 데 도움을 준다.

① 얼마의 돈을 바라는지 '정확한 액수'를 마음속으로 정하라.

② 명확한 목표를 달성하기 위해 무엇을 기꺼이 내놓을 수 있
는지 정확히 정하라.

③ 명확한 목표를 달성할 날짜를 정확히 정하라.

④ 열망을 달성하기 위한 견고한 계획을 세워라(그리고 준비
가 되었든 아니든 즉시 행동으로 옮겨라). 제3장 '자기 암시' 편
에서 제시한 지침을 이용해, 잠재의식 및 자기 암시 법칙의
도움을 받아 계획을 세워라. 이성과 합리적인 판단에 의지
하지 마라.

⑤ 1단계에서 4단계의 대답을 정리해, 분명하고 간결하게 선
언문으로 작성하라.

⑥ 선언문을 잠자리에서 일어났을 때와 잠자리에 들기 전, 하
루 두 차례 큰 소리로 반복해서 읽어라. 확신을 가지고, 자
신이 이미 열망하는 재화를 손에 넣었다고 느끼고, 그 모습
을 바라보고, 믿으며 암송하라.

이 여섯 단계 지침은 궤도에서 벗어나지 않고 열망을

실천하게 해주고, 일시적 실패에도 견딜 수 있는 불굴의 의지를 줄 것이다. 기억하라. 힐이 말했듯이 "현실적인 몽상가는 중도 포기하지 않는다!"

자신의 '또 다른 자아'를 만나기

●

꿈을 현실로 이루기 위해 상상력을 이용하고 열망을 오롯이 추구해나가다 보면, 불운을 맞닥뜨리는 날이 찾아온다. 외적·내적으로 어떤 장애물이 닥쳐오든, 언제 장애가 생겨나든, 장애를 성과의 원동력으로 이용할 수 있다. 막대한 부를 일군 사람들은 "어떤 실패든, 거기에는 그 크기만큼 성공의 씨앗이 내포되어 있다"는 사실을 알았다. 힐은 이 원칙을 설명하면서 아들 블레어를 예로 든다. 블레어는 선천적으로 청각 기관이 없이 태어났지만 소리를 듣겠다는 불타는 열망을 원동력으로 삼아, 듣고 말할 수단을 찾아내고, 나아가 다른 청각장애인들을 도왔다.

일시적 실패를 부끄러워하지 마라. 그것은 당신의 '또 다른 자아'를 마주할 기회다. 그것은 굴하지 않는 용기를 지니고, 시련에 맞서고, 강철 같은 의지와 결심으로 인내하고 밀어붙이는 강인한 나의 모습이자, 독자적인 자아다. 위기 상황에서 자신의 또 다른 자아에 직면했을 때, 그때가 종종 인생의 전환점이 된다. '상상력을 통해 유용한 아이디어를 만들어내는 자신의 놀라운 능력', 가장 강렬한 감정들을 건설적인 믿음으로 전환하는 능력을 발견하는 일은 성공 여정의 전체 역학을 바꾼다.

성공의 방정식

●

반드시 승리를 거머쥐게 하는 한 가지 자질이 있다. 바로 **목표를 명확히 하는** 자질이다. 이것은 자신이 원하는 것이 무엇인지 아는 일이자, 그것을 거머쥐겠다는 불타는 **열망**이다.

민음, 용기, 열린 자세와 열세 가지 효과적인 성공 원칙
이 결합되면, 당신이 준비가 되었을 '때', 오직 그때에 열망
하는 모든 일이 이루어진다.

행동 수칙: 명확한 목표에서 명확한 계획으로

열망을 물리적 실체로 전환하는 여섯 단계 지침을 다시 한
번 읽어라. 그리고 아직 스스로 준비가 되지 않은 것 같다
면, 4단계와 5단계를 완수하라.

제2장

부에 이르는 두 번째 원칙

믿음

무언가가 실현되리라는 믿음과 확신을 지니면
가장 직접적이고 실용적으로 이용 가능한 수단이 생겨나고,
그것을 통해 잠재의식에 심긴 생각이
물리적 실체로 전환된다.

믿음은 감정이다

●

생각이 감정과 결합되면, 자신에게 부합하는 생각을 끌어당기는 '자력'을 지니게 된다.

믿음이라는 단어는 얼핏 종교적 의미를 연상케 하지만, 부에 이르는 두 번째 원칙으로 이 단어를 쓸 때 힐은 특별히 종교적 함의를 담지는 않았다. 믿음이라는 단어에 내포된 의미는 한 가지가 아니다. 그는 믿음이라는 단어를 보다 광범위한 의미로 사용했다. 힐이 말한 믿음이란, '열망을 달성하리라는 확신, 그리고 이미지화하는 것'이다. 우리는 이같은 믿음을 감정적으로 경험한다. 감정은 우리의 생각을 강하게 만든다. 힐은 생각의 주파수를 강화하는 감정으로 세 가지를 언급했다. 이 세 가지 감정은 성공을 가속화하고, 성공에 대한 명확한 목표를 실체로 바꾸는 효과를 증대한다.

- 믿음Faith

- 사랑Love

- 성애Sex

믿음과 사랑은 순수하게 마음속에서 경험되는 심리적 감정이며, 반대로 성애는 생리학적 감정이다. 믿음, 사랑, 성애를 품은 정신 상태에서 어떤 아이디어나 계획, 혹은 목적에 집중할 때, 우리는 힐이 무한 지성Infinite Intelligence이라고 언급하는 우주적 힘을 이용하게 된다. 무한 지성은 랄프 왈도 에머슨Ralph Waldo Emerson의 유명한 에세이 《자기 신뢰Self-reliance》에서 나온 개념이다. 에머슨은 다음과 같이 쓰고 있다.

그 깊은 힘, 분석할 수 없는 이면의 궁극적인 실재, 모든 것에서 볼 수 있는 공통의 기원, 그 속에서 …… 우리는 먼저 그것의 존재에 의해 생명을 공유하고, 나중에 자연 속에서 그것의 외양을 보게 된다. 그리고 우리가 그것의 근원을 공유하고 있음을 잊는다. 여기 행동과 생각의 샘이 있다. 불경한 자들과 무신론자가 아니라면 부정할 수 없는, 인간에게 지혜를 주는 영감의 숨결이 있다. 그리고 우리는 그 진실의 수용자이자, 활동의 부속 기관으로 만들어버리는 '거대한 지성'의 영역에 있다.[1]

'거대한 지성'은 자연이나 우주, 신 혹은 초월적 의식consciousness이라고 부를 수도 있다. 이것은 우주적 에너지로, 우리의 마음속에서 발현될 길을 찾으며, 우리를 선善과 우주 지혜의 원천에 접촉하게 해준다.

어떤 생각에 긍정적인 감정을 부여하면, 그 생각이 우리 마음속에 더욱 단단하게 자리 잡게 되고, 물리적 형상을 갖출 배출구를 찾도록 에너지가 공급된다. 다시 말해 아이디어, 계획, 목적이 현실로 나타난다.[2] 이 과정은 다음

---

1 Ralph Waldo Emerson, "*Self-Reliance*," 1841, Emerson Central, EmersonCentral.com, http://emersoncentral.com/ebook/Self-Reliance.pdf.

과 같이 표현할 수 있다.

생각 + 긍정적인 감정(믿음, 사랑, 성애) → 실행 계획 → 생각의
물리적 현현顯顯

　중요한 사실은 생산적인 생각과 긍정적인 감정을 활발하게 기르는 일이나, 직접적인 실행 계획을 세우고 따르는 일에는 행동이 요구된다는 점이다. 무한 지성은 단독으로 우리의 소망을 실현해주지 못한다. 하지만 그것이 우리의 생각과 힘을 합치고 긍정적인 감정에 의해 자력이 생기면, 우리가 우주에 보내는 생각 이상을 되돌려주고, 동시에 목표를 실행하겠다는 결심을 단단하게 한다.

　다시 한번 말하지만, 우주는 긍정적인 생각과 부정적인 생각을 구별하지 않는다. 우리의 감정이 부정적인 사

2　성애라는 긍정적 감정에 대해 더 알고 싶다면 제10장 '성 에너지' 편을 읽어라. 힐은 감정으로서가 아니라 성적 열망으로서 성애의 활동에 대해 언급했으며, 성 에너지를 목적을 실현하는 하나의 매개물로서 설명한다.

고를 끌어당긴다면, 부정적 사고는 무의식의 도움을 받아 불운을 끌어당기게 될 것이다. 대부분의 '불운'은 나쁜 일이 벌어지리라 믿은 결과다. 이 때문에 잠재의식에 긍정적인 생각을 공급하는 일이 중요하다. 잠재의식에 생각을 보낼 때는 자신이 요청하는 바를 얻어내게 되리라는 단호한 믿음이 뒷받침되어야 한다. 잠재의식은 열망이 달성되기 쉽게 하는 행동을 우리에게 지시한다. 그러는 동안 우주가 우리의 생각에 맞춰 움직이고, 우리의 길에 기회를 가져다주게 된다.

하지만 우리가 처한 환경에는 불가피하게도 부정적인 영향력이 포함되어 있다. 따라서 우리는 사랑, 믿음, 성애의 긍정적인 감정을 통해 '유리한 자기장'을 만듦과 동시에, 부정적인 에너지를 적극적으로 거부해야 한다. 의식으로 유입되는 생각의 주파수, 혹은 영향력은 필터링을 거쳐야 한다. 그러면 잠재의식이 부정적인 생각을 담지 않게 될 것이다.

믿음을 기르는 법

믿음은 마음의 상태로서, 자기 암시 법칙에 따라 잠재의식에 확언 혹은 반복된 지시를 내려서 기를 수 있다.

긍정적인 감정으로서 믿음은 기를 수 있다. 하지만 그러기 위해서는 다음의 원칙들을 실행해야 한다. 믿음과 성공에 이르는 방법론을 단순히 읊조리기만 해서는 안 된다. 믿음을 기르는 방법은 열망을 물리적 실체로 바꾸는 메커니즘과 동일하다. 바로 자기 암시다. 자기 암시는 확언을 반복함으로써 잠재의식이 목적을 달성(혹은 유지)하도록 활발하게 활동하고, 그럼으로써 생각에 확신을 주입해 생각이 현실로 나타나고, 그 현실을 유지하게 한다. 이 법칙에 대해서는 제3장 '자기 암시' 편에서 더 자세히 다루겠다.

열망이 달성될 것이라고 스스로에게 반복해 암시를 보내면 믿음이 생긴다. 힐은 범죄자의 예를 들어 환경의 영향(이에 대해서는 제14장 '두려움의 여섯 가지 유령을 넘어서는 법' 편에서 더 자세히 살펴보겠다)을 설명했다. 한 범죄학자에 따르면, 사소한 범죄라도 오래 노출되면 잠재의식이 범죄 수용성을 합리화하고, 불법적인 행동을 저지르게 된다고 한다. 이와 유사하게 무언가를 믿겠다는 생각을 반복해 말하면 스스로 믿고 있다는 확신을 심을 수 있다. 열망하는 대상을 이미 가진 듯이 말하고 행동하면 사고방식이 변화하고, 우리가 열망하는 부를 창출하도록 잠재의식이 무한 지성과 협력하게 된다.

자신감을 기르는 힐의 공식

●

생각은 스스로 물리적 실체로 나타난다.

인간이 가질 수 있는 가장 큰 약점 중 하나는 자신감 부족이다. 자신이 가장 열망하는 대상을 얻을 수 있고 또 얻게 되리라고 믿으면, 무엇도 우리를 막을 수 없게 된다. 지금부터는 자기 암시 법칙, 달리 말하면 끌어당김의 법칙의 도움을 받아 자신감을 기르고 탄탄하게 하는 방법을 소개한다. 이것은 자연의 법칙으로, 생각하는 대로 이루어진다는 것이다(비슷한 것끼리 끌린다는 유유상종의 법칙).

① 나는 목적을 달성할 수 있다. 그렇게 '될 것'이다. 따라서 나는 목적을 달성하기 위해 계속 행동하겠다고 약속한다.

② 나는 나의 지배적인 생각이 현실이 되리라는 것을 안다. 이 사실을 알고, 매일 30분씩 집중해 어떤 사람이 되고 싶은지, 열망하는 일을 이루었을 때 내 삶이 어떤 모습일지를 분명하게 머릿속에 그린다.

③ 나는 내 열망이(그게 무엇이든 상관없다) 물리적 실체로 표현되리라는 것을 안다. 이 사실을 알고, 매일 10분씩 잠재의식에 자신감을 새겨 넣는다.

④ 인생의 중심 목표를 분명하게 글로 적고, 중도에 포기하지 않고 그것을 달성하겠다고 스스로 약속한다.

⑤ 인간애를 지향하고, 증오, 질투, 이기심, 비관주의 같은 보다 낮은 수준의 감정은 받아들이지 않도록 노력하기로 다

짐한다. 나는 다른 사람들에게 봉사하는 일이 협력자를 만들고 성공을 달성하는 가장 확실한 방법임을 안다. 이와 관련해 이득이 되지 않는 기회는 거부한다.

이 공식을 완전한 믿음을 가지고 하루 한 번씩 큰 소리로 반복해 읽어라. 그러면 점진적으로 생각과 행동이 영향을 받아 열망하는 부를 손에 넣을 수 있게 될 것이다.

행동 수칙: 성공할 때까지 속여라

하루 종일 열망하는 바를 잠재의식에 말하라. 그것을 이미 달성한 것처럼 여겨라. 열망이 실현되었을 때 삶이 어떤 모습일지 상세하게 묘사하라. 이러한 이미지화는 자신감과 믿음을 탄탄히 다져준다.

제3장

부에 이르는 세 번째 원칙

자기 암시

인간은 자기 자신과 자신이 처한 환경의 주인이다.
자신의 잠재의식에 영향력을 발휘하고,
그것을 통해 무한 지성의 협력을 얻어낼 수 있기 때문이다.

바탕 원칙

●

긍정적인 생각이든 부정적인 생각이든, 자기 암시 법칙의 도움이 없으면 잠재의식에 심을 수 없다.

자기 암시는 잠재의식에 전달되는 생각을 우리가 다스리게 하는(혹은 다스리는 데 실패하는) 수단이라고 할 수 있다. 자기 암시는 다음과 같다.

① 잠재의식에 특정한 메시지를 의도적으로 보내서, 명확한 목표를 달성하는 일에 초점을 맞추고 그것을 지배적인 생각으로 삼는다.

② 감각 자극을 필터링해, 파괴적인 생각과 느낌을 의식 수준에서 차단하고 잠재의식으로 흘러들어가지 않도록 한다.

③ 긍정적인 감정(그중에서도 특히 믿음)으로 건설적인 생각이 끌려오도록 한다.

자기 암시는 열망을 현실로 변환하는 방법이다. 《생각하라 그리고 부자가 되어라》에서 다루는 다른 법칙들은 모두 자기 암시를 활용하는 수단이다. 잠재의식은 자기 암시를 통해 열망을 달성하는 실행 계획을 만들어낸다.

잠재의식을 보호하기

●

오감으로 유입된 모든 감각적 인상들은 의식 수준에서 일단 가로막힌 뒤, 의지에 따라 잠재의식으로 넘어가거나 차단된다.

자기 암시는 의식과 잠재의식이 소통하는 수단이다. 생각과 인상은 자기 암시 법칙에 따라 잠재의식으로 전달된다. 적극적으로 실천하면, 이 법칙은 인상을(수동적으로 유입된 인상이라 할지라도) 잠재의식에 전달되도록 다스린다. 또한 우리의 지배적인 생각에 따라 길을 지시하는 역할을 맡으며, 잠재의식으로 들어가는 관문이 된다. 잠재의식은 긍정적인 생각과 부정적인 생각을 가리지 않고 받아들이고 실행한다는 사실을 기억하라. 지시를 완전히 이해시키려면 이따금 반복적으로 지시해야 하지만, 잠재의식은 감정이 섞인 생각, 믿음하에 유입된 생각이면 무엇이든 실행한다.

집중과 이미지화

●

자기 암시 법칙을 사용하는 능력은 대개 열망이 집착 수준의 불타는 열망이 될 때까지 집중할 수 있느냐 없느냐에 달려 있다.

자기 암시는 열망이 집착 수준의 불타는 열망이 될 때까지 관심을 집중하는 데 달려 있다. 잠재의식이 명확한 목표를 달성하기 위한 실행 계획을 창출하게 하려면, 상상력이 함께 작용해야 한다. 집중의 영향을 극대화하는 방법을 소개한다.

① 눈을 감고, 열망하는 바가 물리적 형상을 갖출 때까지 열망에 생각을 집중한다(재화적인 부라면 얼마를 바라는지 '정확한 금액'을 떠올리고 거기에 집중한다). 제3장 '자기 암시' 편의 지침에 따라, 자신이 열망하는 대상을 이미 손에 넣었다고 이미지화하라. 적어도 하루 한 번 이 지침을 따르라.

② 믿음을 가지고 계속 집중하고, 열망이 이미 실현되었다는 이미지를 떠올려라. 목표가 달성 가능한 것이며, 마땅히 자신의 것이라고 잠재의식이 생각하게 되면, 이미 당신의 것인 그것을 보호하기 위한 실용적인 계획을 제공해줄 것이다.

③ 명확한 목표를 달성할 확실한 계획을 가질 때까지 기다리지 말고, 이 집중 원칙을 실천하라. 목표를 손에 넣은 자신의 모습을 반복해 이미지화하고, 기대하는 바를 잠재의식에 집어넣으면, 이미지와 잠재의식이 함께 활발하게 결합해 필요한 계획을 전달할 것이다.

④ 육감, 창조적 상상력이 섬광과 같이 번뜩여 계획이 전달될 것이다. 이 같은 직접 커뮤니케이션 채널, 무한 지성이 보

낸 무전을 개통하는 것은 믿음이다. 이 같은 계획은 이성이
나 합리적인 사고에서는 거의 나타나지 않는다. 오히려 이
성이나 합리적 사고는 우리를 잘못된 길로 이끌 수 있다.
⑤ 일단 계획이 모습을 드러내면, '즉시' 그것을 실행에 옮기
고, 열망에 한걸음 더 다가가게 해주는 활동에 집중함으로
써 보다 규칙적으로 이미지화 작업을 하라.

자기 암시를 이용해 열망을 물리적 실체로 전환하는 지
침은 다음과 같이 실천할 수 있다.

① 조용한 장소를 찾아서(이를테면 한밤중의 침실) 눈을 감고,
미리 작성한 선언문을 큰 소리로 반복해 읽는다. 선언문에
는 얻어내고 싶은 '정확한' 액수, 그것을 손에 넣을 시점, 열
망을 달성하기 위한 대가로 어떤 노력을 할지 혹은 얼마의
비용을 치를지가 적혀 있어야 한다. 선언문을 읽을 때, 자
신이 열망하는 대상을 이미 손에 넣은 모습을 이미지화하
라. 선언문을 읽을 때는 집중력과 긍정적인 감정(특히 믿음)

을 사용하라. 잠재의식은 단조롭고 힘없는 말에는 반응하지 않는다! 선언문을 작성할 때 다음의 양식을 참고하면 도움이 될 것이다.

_________ 년 _________ 월 _________ 일까지 (구체적인 열망)을 달성하게 될 것이다. 그 부에 대한 대가로, 나는 (구체적인 열망)을 함으로써 세상에 가치 있는 일을 할 것이다. 내가 이 (구체적인 열망)을 달성하리라고 믿는다. 나는 강한 믿음을 지니고, 그것을 이미 손에 넣은 모습을 보고 있다. 그것은 마땅히 내 것이므로, 나는 그저 그에 대한 권리를 주장하기만 하면 되고, 내가 받은 것에 대한 대가로 세상에 봉사하고, 점진적으로 내 열망을 완전히 실현할 것이다. 완벽한 믿음 아래 나는 열망을 실현할 계획이 나타나기를 기다리고 있으며, 계획이 전달되는 즉시 따를 것이다.

② 상상력이 열망을 생생하게 만들어, 열망이 실현된 것을 느

끼고, 보고, 들었다고 여겨질 때까지 아침저녁으로 이 선
언문을 읽어라.

③ 선언문을 잘 보이는 곳에 붙여두어라. 아침에 일어났을
때, 밤에 잠자리에 들 때, 선언문을 읽고 기억에 새기라.

제2장 '믿음' 편에서 썼듯이, 목표를 달성하는 데 기꺼
이 대가를 치르겠다고 결심해야 한다. 확언을 통해 잠재의
식에 열망을 전달함으로써, 불타는 열망을 이루겠다는 생각
이 머릿속을 지배하고 확신하게 만드는 데 필요한 대가는
바로 '끊임없는 인내'다. 이 대가를 기꺼이 치르겠는가?

행동 수칙: 잠재의식이 확실한 계획을 찾아내게 만들기

종이 한 장을 꺼내어, 앞서 소개한 선언문을 참고로 해, 불타
는 열망에 관한 자신만의 선언문을 써라. 잠재의식이 목표를
달성하는 데 필요한 계획을 전달해줄 때까지 매일 집중해,
선언문과 함께 앞서 소개한 세 단계 실천 지침을 완수하라.
계획이 나타나면, 그 계획이 열망을 달성해줄 것이라는 문장
을 넣어서 선언문을 수정하라.

제4장

부에 이르는 네 번째 원칙

전문 지식

— 성공의 여정은 끊임없이 지식을 추구하는 여정이다. —

일반 상식 vs. 전문 지식

●

지식은 잠재력이 있을 뿐이다. 지식은 그것을 체계적으로 조직해 분명한 실행 법칙을 만들고, 명확한 목표를 향해 나아가야만 힘을 발휘한다.

지식은 두 종류가 있다. 한 가지는 일반 상식이고(책에서 습득한 지식), 다른 한 가지는 전문 지식이다(활용된 지식). 일반 상식은 재화를 축적하는 데는 쓸모가 없다. 지식이 힘이 되려면, 그것을 체계적으로 조직해 실용적인 실행 계획을 세우고 명확한 목표를 향해 나아가도록 조율해야 한다.

'교육'의 재정의

●

교육받는 사람은 정신을 계발해 타인의 권리를 침해하지 않고, 자신이 바라는 것을 획득하는 사람이다.

학교에서 배우는 종류의 지식은 체계적으로 조직되고 활용될 때에만 가치가 있다. 성공하려면 좋은 성적을 받는 능력 이상이 필요하다. 그래서 고용주들이 좋은 성적 외에도 다른 자질을 갖춘 사람을 찾는 것이다. 다시 말해 구직자의 성격, 활동 기록, 경력(인턴십 등) 등을 본다는 말이다. 고용주는 구직자가 단순히 프로세스를 따르고, 교과서에서 정보를 꺼내올 수 있는지보다는, 고난을 헤쳐나가는 자질이 있는지, 사람들을 조직해 팀을 꾸릴 수 있는지, 아직 드러나지 않은 문제에 대한 대응책을 찾을 수 있는지를 살펴본다. 따라서 '학식'이라는 용어는 자신이 지닌 지식을 열망(목표)을 달성할 행동 원칙으로 바꾸는 방법을 아는 사람에게 붙여주어야 한다.

열등감을 퇴치하기

●

능력은 상상력이다. 그리고 상상력이란 전문 지식과 아이디어를 이 장에서 말하는 '지성'은 특정 수준의 공식 교육을 받았다는 의미가 아니다. 토머스 에디슨은 고작 석 달밖에 학교에 다니지 않았고, 헨리 포드는 6학년도 채 마치지 못했지만, 그들의 지성에 의문을 제기할 사람은 없을 것이다. 교육받았다는 말은 또한 목적을 실행하는 데 필요한 전문 지식을 반드시 스스로 소유해야 한다는 의미도 아니다. 오히려 자신에게 부족한 지식을 어디에서 모아야 할지 안다는 의미다. 성공한 사람들은 이 같은 목적하에 자신의 강점을 실행하고, 약점을 보완하고자 조력 집단을 꾸린다(제 9장 '조력 집단의 힘' 편에서 상세히 논의하겠다).

지금부터 이야기할 헨리 포드의 일화는 어떻게 전문 지식을 영리하게 획득하고 힘을 얻을 수 있는지에 관한 훌륭한 사례다. 제1차 세계대전 시절, 어느 신문사가 사설에서 헨리 포드를 '무식한 파시스트'라고 표현했다. 그러자 이 소식을 들은 헨리 포드는 그 신문사를 명예훼손으로 고

소했다. 재판이 진행되는 동안 그가 무식하다는 사실을 증명하려고 신문사 측은 여러 가지 역사적 사실과 관련한 질문들을 해댔다. 이에 포드는 많은 질문에 대답하지 못했다. 대신 전화 한 통만 걸면 자신은 어떤 질문이든 대답할 수 있다고 대답했다. 그에게는 전문적인 분야에 대한 질문을 받았을 때 해당 정보를 제공할 비서들이 있었던 것이다. 그는 목표를 추구하는 데 가장 필요한 정보만을 공부했고, 어디서든 찾을 수 있는 지식을 얻는 데 정신을 분산시키지 않았다. 중요한 건, 그가 필요한 순간 필요한 정보가 어디에 있는지 안다는 사실이었다.

이 이야기의 교훈은 우리가 돈을 벌기 위해 어떤 서비스나 상품을 제공할 때 그것과 관련해 필요한 전문 지식을 모두 갖추지 못했다는 이유로 열등감을 느낄 필요가 없다는 것이다. 어떤 지식이 더 필요하거나 더 갖추고 싶다면 조력 집단을 통해 얻으면 된다.

지식을 구하는 방법

●

누군가는 어떤 지식이 필요할 때 그것을 어디에서 얻을지, 어떻게 조직해 행동 계획을 수립할지를 배운다.

자신감 부족에 더해 많은 사람들이 야망 부족으로 고통받는다. 신입 사원 단계에서 시작하는 것은 단조로운 생활을 하고 평범한 습관을 들이게 해, 야망을 시름시름 죽여버린다. 성공으로 가는 길에 오르기 위해서는, 기회가 당신을 바라보고 인식할 수 있도록 고개를 높이 들어야 한다. 그렇게 하려면 성공의 사다리를 오르기 위해 필요한 지식을 소유해야(혹은 어디에서 찾아야 하는지 알아야) 한다. 여기에는 고대 그리스 철학에서 말하는 '프로네시스phronesis'(아리스토텔레스가 주장한 것으로, 실천적인 지혜를 말한다―옮긴이)가 필요하다. 프로네시스는 지성의 일종으로 올바른 판단, 훌륭한 인성과 습관, 실용적인 행동으로 지식을 나타내는 수용력을 특징으로 한다. 프로네시스는 우리에게 어떤 지식이 필요한지를 규정하고 그 지식을 가능한 한 최선의 방법으로 활용하도록 도와준다.

성공한 사람들은 야망에 부합하는 자기 절제력을 지니고 있다. 그들은 자기계발을 위해 습관을 기르는데, 여기에는 자신이 추구하는 목표 혹은 직업과 관련된 전문 지식을 끊임없이 습득하는 습관도 포함된다. 지식을 보충하는 방법은 다음과 같다.

① 지식 간극을 확인한다.

② 그 지식을 원하는 목적을 확실히 한다

③ 어떤 믿을 만한 원천에서 지식을 획득할지를 알아본다.

다음은 지식을 얻기 위한 다섯 가지 원천이다.

① 자신의 경험과 배움

② 타인(조력 집단)의 경험과 배움

③ 대학

④ 공공도서관

⑤ 특별 트레이닝 강좌(야간 대학, 홈스쿨링 프로그램)

힐은 대공황 시기에 수입이 끊긴 건설 기사 스튜어트 오스틴 와이어Stuart Austin Wier라는 남자의 사례를 들었다. 와이어는 자신에게 놓인 선택지들을 평가한 뒤 기업 변호사가 되기로 결심하고 학교로 돌아갔다. 많은 사람들이 "가족의 생계는 어떻게 해?"라든가 "난 나이가 너무 많아"라는 변변치 못한 핑계를 대며 기회를 날려버린다. 하지만 와이어는(결혼을 해서 자녀도 있었고, 마흔이 넘은 나이였다) 자신의 운명을 스스로 책임지기로 하고 필요한 훈련을 마치는 데 가장 효율적인 수단을 찾아냈다. 어디에서 지식을 구하면 가장 좋을지를 판단하고, 가장 전문적인 과정을 선택해 2년 만에 끝마쳤다. 여기서 중요한 것은 '지식을 어떻게 구할지를 아는 일도 중요하다'는 사실이다.

행동 수칙: 간극을 메워라

다음의 질문에 답하라. 당신이 열망을 실체로 바꾸는 데 필요한 전문 지식은 무엇인가? 그 지식이 어떻게 당신의 목표를 달성하는 데 도움을 주는가?

지식을 얻는 다섯 가지 원천 중에서 자신의 필요에 맞는 최선의 것을 판단하고, 그 원천에서 필요한 지식을 얻는 가장 효율적이고 이득이 되는 수단들을 조사하라.

제5장

부에 이르는 다섯 번째 원칙

상상력

인간의 유일한 한계는
상상력을 계발하고 사용하는 데 있다.

마음의 작업장

●

아이디어는 사고 자극이다. 상상력을 자극해 행동을 촉발한다.

힐은 상상력을 '마음의 작업장'이라고 표현했다. 이 작업장에서 열망이라는 추상적인 자극이 형상을 갖추고, 명확한 계획을 만들기 위해 행동에 나선다.

위대한 성공에는 상상력의 역할이 있었다. 상상력 덕분에 인류는 우주로 진출하고, 무선통신으로 전 세계를 한데 묶고, 치명적인 질병을 치료하는 법을 알아내고, 그 밖의 수많은 위업을 달성했다.

상상력에는 두 가지 종류가 있다. 하나는 합성적 상상력으로 과거의 개념, 아이디어, 계획을 활용해 새롭게 조합하는 것이며, 또 다른 하나는 창조적 상상력으로 무한 지성과의 직접적인 소통을 통해 새로운 아이디어를 창출한다. 새로운 아이디어는 모두 창조적 상상력에서 나온다. 창조적 상상력은 오직 의식이 강렬한 감정(믿음, 사랑, 성애라는 긍정적인 감정)이 부여된 열망에 자극받을 때 활성화된다. 상상력의 활동은 마치 근육과 같다. 쓰면 쓸수록 강력해져서 무한 지성에 주파수를 더욱 잘 맞출 수 있으며, 열망을 명확한 계획으로 전환한다.

힐은 합성적 상상력을 계발하는 데 초점을 맞추라고 권한다. 합성적 상상력은 열망을 부로 전환하는 데 자주 사용되고, 창조적 상상력을 계발하는 데도 크게 도움을 주기 때문이다. 우리가 열망에 집중하고, 잠재의식에 '이미 준비된 부를 획득할 계획을 만들어내라'고 요구하면, 잠재의식이 경험과 아이디어의 저장고를 깊이 파헤쳐 열망하는 목표를 달성할 수 있도록 생산적인 조합을 알아내게 된다. 그렇게 함으로써 우리는 또한 무한 지성과 더 원활히 소통하게 되고, 이를 통해 무한 지성이 번뜩이는 영감을 보내주거나, 우리가 행동할 기회를 준다.

열망의 과학

●

아이디어는 명확한 목표와 계획이 더해지면 재화로 전환된다.

물리적 실체는 물질과 에너지, 두 가지 요소로 구성된다. 눈에 보이는 세계와 눈에 보이지 않는 세계에 존재하는 모든 사물은 에너지라는 무형의 형태에서 시작된다. 에너지는 다른 형태의 에너지나 물질 등 다양한 형태로 전환된다. 열망은 사고 자극으로서, 에너지의 형태를 띤다. 열망을 물리적 실체로 전환하는 과정에는 자연이 지구와 그 안의 모든 생명을 만들 때 사용했던 것과 같은 법칙이 개입된다.

명확한 목표는 불타는 열망이라는 강한 주파수가 더해지면 행동으로 전환되어 물리적 실체로 나타날 수 있다. 아이디어는 무한 지성으로부터 에너지와 영감을 받을 때 스스로 생명력을 얻곤 한다.

'계획을 만들고 나서 목적과 열망을 실천해야지'라고 생각하면서 질질 끌지 마라. 확고하게 결심하고 실천하면, 잠재의식이 상상력과 결합하고, 열망을 실체로 바꾸는 데 필요한 계획을 끌어내게 된다.

노력과 정직성만으로는 부를 일구지 못한다. 상상력의 힘을 끌어올리려면, 성공 원칙에 따라 필요한 힘들을 조합해야 한다.

행동 수칙: 합성적 상상력의 근력 키우기

이 책을 다 읽고 나서 이 장을 다시 한번 읽어라. 목표를 달성하기 위해 이전에 떠올렸던 아이디어들을 적어보면서 합성적 상상력을 강화하라. 부가 당신을 기다리고 있다고 전적으로 믿고, 지금 작성한 아이디어 목록을 잠재의식으로 넘겨서, 당신이 열망하는 결과가 나오도록 그 아이디어들이 새롭게 조합될 수 있게 하라.

제6장

부에 이르는 여섯 번째 원칙

체계적인 계획

계획이 견실하지 않으면 견실한 성과를 낼 수 없다.

실용적인 계획을 세우는 법

●

제아무리 똑똑한 사람이라도 실용적이고 실행 가능한 계획 없이는 부(혹은 다른 어떤 성과)를 축적할 수 없다.

실용적인 계획을 계발하고 다듬기 위한 비결은 조력 집단(제9장에서 설명하겠다)에 있다. 조력 집단은 열망을 물질적 부로 전환하는 필수 요소다. 계획은 조력 집단과 공동으로 세우거나 조력 집단의 평가와 승인을 받아야 한다. 다음은 실용적인 계획을 만드는 단계다.

① 조력 집단을 구성하라. 조력 집단은 당신이 계획을 세우고 실행하는 데 필요한 모든 도움을 줄 것이다.

② 조력 집단의 시각을 빌리고 협력을 받은 대가로 당신이 제공할 수 있는 도움, 전문 지식이 무엇인지 판단하라.

③ 최소 주 2회 모임을 가져라.

④ 조력 집단 구성원들이 조화롭게 일하는지 확인하라.

마지막 4단계가 굉장히 중요하다. 조력 집단의 원칙이 작용하려면 공동의 이익과 목표가 필수기 때문이다. 또한 패배주의에 물든 사람을 조력 집단 구성원으로 받아들이지 않았는지 확인하라. 그리고 다음의 원칙을 염두에 두라.

① 열망을 물질적 부로 전환하는 능력은 계획의 견실성에 달려 있다. 따라서 계획이 실행 가능한지 확인하는 데 충분한 시간을 들이고 관심을 쏟아야 한다.

② 타인의 조력 없이, 막대한 부를 쌓는 데 필요한 경험, 교육, 선천적인 능력, 상상력을 충분히 갖춘 사람은 아무도 없다.

끈기의 힘

●

계획이 실패하면, 그것이 일시적인 실패이지 패배한 것이 아님을 기억하라. 이는 단지 그 계획이 견실하지 못하다는 뜻일 뿐이다. 다른 계획을 세워라. 그리고 다시 시작하라.

체계적인 계획(혹은 상상력을 이용해 분명한 실행 계획이 정립되도록 하는 지식의 재구성)에는 끈기가 필요하다. 이는 일시적인 실패를 패배로 받아들이지 않는 능력이라고 할 수 있다. 우리는 종종 가장 성공한 실업가를 보고, 그들이 쉽게 꼭대기까지 올라갔다고 생각하는 우를 범한다. 하지만 겉으로 보이는 모습은 착각이다. 막대한 부를 일군 사람들의 대부분은 부모에게 돈을 상속받지도, 특별한 이점을 지니고 태어나지도 않았다. 그들과 대다수 보통 사람과의 차이는 목적의 명확성, (조력 집단의 협력과 상상력을 통해) 지식을 명확한 계획으로 조직하는 능력, 실패를 패배로 받아들이지 않는 태도였다. 이를테면 토머스 에디슨은 1만 번이나 실패한 끝에 전구를 완성했고, 스티브 잡스Steve Jobs는 자신이 세운 회사에서 해임당하고 나서 애플로 간 뒤 애플을 굴지의 기업으로 만들었다. 조앤 롤링Joan K. Rowling은 대성공을 거둔《해리 포터》시리즈를 쓰던 당시 싱글맘에 기초생활수급비로 생계를 꾸려나갔으며, 책을 출간해줄 회사를 찾는 데도 애를 먹었다. 아마존의 파이어폰Fire phone(아마존이 자체 개발한 스마트폰으로 2014년 공개되었다 —옮긴이)은 큰 골칫거리였지만, 아마존이 에코 스마트 스피커Echo smart speakers와 클라우드 기반의 가상 비서인 알렉사Alexa를 개발하는 데 영감을 주었다.

중요한 것은 한 번 실패했다고 해서 그것을 패배로 받아들이지 말라는 것이다. 실패란 그저 잠시 후퇴한 것일 뿐이며, 새로운 계획으로 극복할 수 있는 일일 뿐이다. 문제는 당신의 아이디어에 있지 않다. 실행 방식, 즉 계획에 있다. 한 가지 계획이 효과를 발휘하지 못하면 다른 계획을 시도해보라. 그래도 실패하면 또 다른 계획을 실행하라. 마침내 효과를 발휘하는 계획이 나타날 때까지 계속하라. 다비의 금광 채굴 이야기가 주는 교훈을 떠올려보라. 지금 중단하지 마라. 바로 '1미터 아래에 황금'이 있을지니.

자신을 판매하기

미래의 고용주는 대중이 될 것이다.

힐은 부를 쌓는 주요 방법 두 가지를 규정했다. 개인의 서비스를 제공하는 개인 서비스와 아이디어 판매다. 개인 서비스란 법, 의학, 컨설팅, 디자인, 회계 등 고객에게 직접 서비스를 제공하는 활동을 말한다. 이런 활동들은 수입을 발생시키는 데 자본이 필요 없다는 점에서 독특하다. 수익이 개인의 지식과 노력을 파는 데서 나오기 때문이다. 힐은 경험, 지성, 직업윤리 외에 다른 창업 자원이 부족했던 대공황 이후, 기회가 개인 서비스에 있다고 보았다.

오늘날에도 힐이 이 책을 썼던 때인 1937년만큼이나 개인 서비스 분야에 많은 기회가 존재한다. 미국의 자본주의 경제는 상상력을 지닌 개인에게 끝없는 기회를 제공한다. 우리가 보상을 받으려면 먼저 가치를 제공해야 한다. 기억하라. 성공에는 언제나 비용이 따른다. 자신의 목적을 달성하는 대가로 무엇을 제공할지, 혹은 무엇을 포기할지 결정해야 한다. 세상은 돈을 원하는 사람들로 가득하다. 불타는 열망 하나만으로는 차별화될 수 없다. 당신은 더 가치 있는 사람이 되어야 하고, 당신이 세상에(사람들에게) 줄 수 있는 가치를 시장에 내놓아야 한다.

지금부터 이야기할 지침과 원칙은 개인 서비스를 시장에 내놓아야 하는 독자에게 도움이 될 것이다. 특히 이는 리더에게 더욱 중요하며, 어떤 산업 분야든 마찬가지다. 대부분 개인이 행동하도록 동기를 부여하는 데 적용되는 원칙이기 때문이다.

리더십의 중심 요소

동의(협력)의 리더십은 힘의 리더십보다 효과적이다. 다음은 협력 관계를 통해 팀원들을 성공적으로 이끄는 리더의 특징이다.

① 흔들리지 않는 용기

② 자제력

③ 날카로운 정의감

④ 확고한 결심

⑤ 명확한 계획

⑥ 보상보다 더 많이 일하는 습관

⑦ 매력적인 성격

⑧ 공감과 이해 능력

⑨ 세세한 곳까지 모두 파악하는 능력

⑩ 책임을 온전히 감수하는 태도

⑪ 협력

실패하는 리더의 열 가지 특징

① 세세한 일을 조직하는 능력의 부재(효율성과 위임 능력이 필요하다)

② 허드렛일을 꺼리는 태도(위대한 리더에게 사소한 일이란 없다)

③ 아는 것을 행하기보다는 '아는 것'에 대한 보상을 받으려는 성향

④ 따르는 사람을 경쟁자로 여기고 두려워함(리더는 위임하는 법을 배워서 일을 효율적으로 분배할 수 있어야 한다)

⑤ 상상력 부족

⑥ 이기심(좋은 리더는 공로를 자신의 것으로 주장하지 않고 팀에 돌린다)

⑦ 무절제

⑧ 불성실

⑨ 리더가 지닌 '특권'에만 집착하는 태도(격려나 협력의 리더십이 아닌 공포나 힘의 리더십)

⑩ 지위에 연연하는 태도

원하는 일자리를 얻는 법

① 어떤 일을 원하는지 확실히 정한다. 그런 일자리가 없다
면 스스로 만들어라.

② 함께 일하고 싶은 회사(혹은 개인)를 고른다.

③ 가고 싶은 회사(혹은 같이 일하고 싶은 사람)에 대해 열심
히 조사한다.

④자신의 재능과 능력을 분석해, 자신이 '정확히' 해당 업체
(혹은 개인)에 무엇을 제공할 수 있는지 파악한다.

⑤ 현재 원하는 자리가 공석인지 신경 쓰지 마라. 당신이 해
당 업체(혹은 개인)에게 더해줄 수 있는 가치가 무엇인가
에만 집중하라.

⑥ 당신이 회사에 제공할 계획, 혹은 어떤 서비스를 제공해
이득을 줄 수 있는지를 설명하는 이력서를 작성하라(작
성할 대필자를 고용해도 괜찮다).

⑦ 고용 권한이 있는 사람이 누군지 알아보라.

당신의 QQS율은 얼마인가?

힐은 당신이 시장에 얼마만큼의 서비스를 제공할 수 있는지, 그리고 얼마나 고용 상태를 유지할 수 있을지를 가늠하는 공식 하나를 만들었다. 이를 QQS율이라고 한다.

서비스의 질Quality + 서비스의 양Quantity + 직업 정신Spirit(협조력) = 완벽한 영업 정신

– 서비스의 질: 세세한 곳까지 신경 쓰는 능력, 효율성, 효과성.

– 서비스의 양: 양적으로 많이 서비스를 제공하는 능력(습관을 통해 길러진다)

– 직업 정신: 유쾌한 성격과 협력적인 직무 태도

실패의 서른 가지 요인

다음의 서른 가지 요인을 확인해 자신이 현재 어떤 특성에 해당하는지 파악하라. 당신의 성공을 가로막는 것이 무엇인지 규정해줄 중요한 일이다.

① 태생적 불리함

② 명확한 삶의 목표 부재

③ 평범하게 살고 싶지 않다는 야망의 결여

④ 교육 부족

⑤ 자제력 부족

⑥ 좋지 않은 건강 상태

⑦ 좋지 못한 성장 환경

⑧ 우유부단함

⑨ 끈기 부족

⑩ 부정적인 성향

⑪ 성적인 충동을 자제하지 못함

⑫ 거저먹으려 드는 열망

⑬ 결단력 부족

⑭ 여섯 가지 두려움의 유령 중 하나 이상을 가지고 있음(여

섯 가지 두려움의 유령에 관해서는 제14장에서 설명하겠다.)

⑮ 잘못된 배우자 선택

⑯ 지나친 조심성

⑰ 잘못된 동업자

⑱ 미신을 믿는 습성과 예단

⑲ 잘못된 직업 선택

⑳ 명확한 목표에 노력을 집중하지 못함

㉑ 무분별한 소비 습관

㉒ 열정 부족

㉓ 편협함 또는 닫힌 마음

㉔ 무절제(특히 음식, 술, 성적 절제력 부족)

㉕ 협력적 자질 부족

㉖ 특권(태생적으로 타고난 장점/힘)

㉗ 부정직함

㉘ 자기중심적인 태도와 허영심

㉙ 비판적인 사고 능력 부재

㉚ 자본 결여

첫 번째 요인 하나만 개인이 통제할 수 없는 것이다. 하지만 이조차 조력 집단의 협력을 통해 보완할 수 있다.

행동 수칙: 자신을 마케팅할 실용적인 계획을 만들어라

이 장에서 설명한 내용을 바탕으로, 당신의 목적에 더 가까이 다가가기 위해 자신의 서비스를 파는 계획서 초안을 작성해보라. 이때 다음의 사항을 고려하라.

- 나는 어떤 분야에 경험 혹은 전문성이 있는가?
- 내가 제공할 서비스가 열망을 물리적 실체로 바꾸는 데 도움이 되는가?
- 내가 제공할 서비스에서 이득을 얻을 수 있는 사람은 어떤 사람인가?
- 내가 서비스를 개발하고 시장에 내놓는 데 누구의 지식이 도움이 될까?(조력 집단으로 고려할 만한 사람)
- 내 서비스에 얼마의 가격을 매길 수 있을까?(QQS법을 통해 판단해보라)
- 이 같은 서비스를 얼마 동안 제공해야 열망하는 목표를 얻어낼 수 있을까?

조력 집단을 꾸렸다면, 이 계획서를 조력 집단에게 보여주고, 그들의 피드백을 받아서 수정하라.

당신의 계획서에 대한 사람들의 반응을 바탕으로 꾸준히 계획을 수정하고, 다시 만들라(때로는 완전히 새로 작성하라).

THINK and GROW RICH

제7장

부에 이르는 일곱 번째 원칙

결단력

in TEN MINUTES A DAY

결단력의 반대말은 망설이는 습관이다.
이는 누구나 물리쳐야 하는 공통의 적이다.

결단이란 용기를 실행하는 것이다

결단의 가치는 그 결단을 내리는 데 필요한 용기가 얼마만큼이냐에 따라 달라진다.

앞서 우리는 체계적인 계획에 관해 다루었다. 하지만 '체계적인 계획'은 그것을 활용해 명확한 실행 계획을 세우겠다고 단호히 결심하지 않으면 아무 소용이 없다. 망설임은 현대인이 직면한 가장 큰 장애물 중 하나다. 극소수의 사람만이 망설이지 않고 빠르게 결단을 내린다. 대부분의 사람들은 자기 인생의 향방에 영향을 미치는 결단을 내리기를 주저한다. 특히 중심 목표를 명확히 정하는 일을 어려워한다. 이로 인해 그들은 자신이 영원히 불행하고 만족스럽지 못한 직업에 복무하게 될 때까지 인생이 흘러가는 대로 둔다.

결단력 부족은 전형적으로 유년 시절에 형성되는 습관인데, 미디어와 SNS가 우리에게 스스로에 대한 의문을 제기하게 만들고 스스로의 직관보다는 미디어의 영향을 받도록 이끌어 점점 더 심화되고 있다. 하지만 청소년기에 망설이는 습관이 몸에 배기 전에 행동하는 습관을 들여 망설이는 습관이 몸에 배지 않게 할 수도 있다. 조용히 스스로, 또는 조력 집단과 함께 숙고한 후 자신의 의견을 탐구하고, 방침을 정하고, 그 방침을 실천하고, 계획을 수정하기로 결심하면, 결단을 내리는 근육이 튼튼해지고 결단하는 습관이 길러진다.

결단에는 결과를 받아들일 수 있는 용기 혹은 자신의 능력에 대한 자신감이 필요하다. 따라서 직업 결정과 같이 중대한 결정은 영웅적인 행위라고 할 수 있다. 재정적·감정적·직업적 안녕을 걸고 자신과 자신이 세운 계획을 믿는 일이기 때문이다. 미국 역사상 가장 영웅적인 결정은 1776년 56인의 위인이 독립선언문에 서명하기로 한 일일 것이다. 이들은 미국이 자유의 땅이 되어야 한다(개인의 결정권은 자유롭게 보장받아야 한다)는 스스로의 확신에 목숨을 걸었다. 독립선언문에 서명함으로써, 이들은 자신들에게 필요한 계획은 자유에 대한 열망을 자유 국가의 형성으로 전환하는 것임을 믿고, 단호한 결정을 내렸다. 성공한 사람들은 이들 미국 건국의 아버지들과 유사한 성향을 보여준다. 다시 말해 결정은 즉시 내리고, 결정을 바꾸는 일은 천천히 하는 습관을 지니고 있다. 때로는 이런 습관을 너무 단호하게 드러내서, 경로를 바꾸지 않으려는 태도가 완강함으로 보이기도 한다. 그러나 이 같은 흔들림 없는 성향은 그들이 자신의 목표와 계획에 계속 집중하게 만들어 결국 그것을 실현시킨다.

힐은 망설이는 태도에 대해 말할 때, 그다지 중요하지 않은 혹은 상관없는 일에 시간을 낭비한다는 의미로 말하지는 않았다. 하지만 이런 일 역시 망설이는 태도다. 우리는 종종 SNS를 한량없이 들여다보거나, 목표와 상관없는 일들을 하거나, 기타 일상에서 미루는 일을 통해 무의식적으로 꿈을 달성하는 능력을 저하시킨다. 시간을 낭비한다는 것은 근본적으로 실행하는 데 전념하는 능력이 없다는 의미다. 다시 말해 자신의 열망을 실현시킬 능력이 없다는 말이다.

이를 염두에 두고 당신을 성공의 길로 나아가게 하는 모든 일들을 용감하게 직시하라. 자신에게 탁월한 능력이 있다고 완전히 믿어라. 최종 목표에 다가가는 적절한 일을 실행하고 있다고 확신을 가져라.

의견: 망설임의 씨앗

●

자기 내면에서 나온 조언을 따르라. 스스로 결정을 내리고 그것을 따르라.

매일 사방에서 수많은 잡음이 우리에게 퍼부어지면서, 자신 있게 결정을 내리기가 점점 더 어려워지고 있다. 그렇기에 유입되는 정보를 거르는 법을 배워야 한다. 그리고 제3장 '자기 암시' 편에서 말했듯이, 잠재의식으로 유입되는 정보를 통제해야 한다. 이 때문에 다른 사람의 의견에 흔들리지 않는 것이 중요하다.

힐은 "의견이란 지구상에서 가장 저렴한 상품"이라고 말했다. 사람들은 이따금 적절히 숙고하지 않고, 증거도 없이 빠르게 의견을 형성하고 자기 마음대로 지껄인다. 그렇기에 당신이 다른 사람의 의견에 따라 계획을 시도하거나, 혹은 시도하지 않기로 결정하면 무척이나 값비싼 대가를 치를 수도 있다.

당신의 비밀을 털어놓아야 할 사람은 오직 당신의 조력 집단뿐이다. 이들만이 당신에게 의견이 아니라 조언을 해줄 수 있는 사람이다. 그렇기 때문에 당신의 목적에 완벽히 공감하고 동의하며, 당신이 그 목적에 가까워지는 걸 도울 사람을 조력 집단으로 선정하는 일이 중요하다.

받은 정보는 필터링해야 한다(특히 친구, 가족으로부터 나온 정보를 필터링해야 한다. 이들의 의견에 비난이나 비판이 섞인 경우 큰 상처가 될 수 있다). 그렇다고 다른 사람들의 의견을 차단하라는 말은 아니다. 우리는 이야기하기보다는 더 많이 들어야 한다. 더 많이 경청한다면 더욱 쉽게 지식을 쌓고, 자신에게 부족한 부분이 무엇인지 알게 되고, 당신의 아이디어를 강탈하고 이용할 사람에게 자신의 계획을 부지불식간에 드러내는 일을 막을 수 있다.

행동 수칙: 행동을 통해 결정하는 습관을 기르라

다음의 문장을 종이에 적어라(카드 종이 같은 단단한 종이가 좋다). 그리고 그 종이를 하루에 몇 번씩 마주칠 수 있는 자리에 붙여두어라.

"내가 하려는 일을 세상에 말하기 전에 먼저 그것을 보여주어라."

제8장

부에 이르는 여덟 번째 원칙

끈기

부는 소망에는 응답하지 않는다.
오직 명확한 열망이 뒷받침된 명확한 계획을
꾸준히 끈기 있게 밀어붙일 때에만 응답한다.

의지력 + 열망 = 믿음

●

돈에 대한 생각으로 의식을 채우지 않으면, 그 자리를 가난에 대한 생각이 차지하게 된다.

실패에 대한 유일한 보험은 끈기다. 이것은 우리가 일시적인 실패에도 무릎 꿇지 않고 대신 장애물에 내포된 기회를 확인할 수 있게 해준다. 끈기를 기른 사람은 물질적인 부만이 아니라 그보다 훨씬 더 큰 부를 누린다. '실패는 그것과 똑같은 수준의 성공의 씨앗을 가지고 있다'는 사실을 안다는 말이다. 이 같은 사실을 알면 일시적인 실패에는 힘이 없으며, 오히려 상상력을 통해 목표를 달성하는 명확한 계획이 나타나도록 실패를 재조정할 수 있다.

끈기는 강렬한 열망과 의지가 결합될 때 생겨난다. 이 결합은 명확한 목표를 달성하게 되리라는 흔들리지 않는 굳건한 믿음을 만들어낸다. 이 장을 읽으면서 알게 되겠지만 끈기는 마음의 상태로, 습관을 통해 기를 수 있다. 파괴적인 습관, 그리고 열망을 완전히 등한시하는 태도는 무관심으로 이어지며, 힘든 일이 발생하면 포기하게 만든다. 수동적인 태도는 가난에 대한 생각에 양분을 공급한다. 한계, 자격이 없다는 생각, 실패에 초점을 맞추는 성향을 기르게 한다. 끈기에는 돈에 대한 생각이 필요하다. 돈에 대한 생각이란 크게 보아 '성공에 대한 생각'이라고 말할 수 있다. 이 책 전반에 걸쳐 설명하는 단계들을 모두 실천하면(주로 목표를 달성하는 것이 어떤 느낌인지 오감으로 느껴질 때까지 자신이 열망을 획득했다고 이미지화하는 일), 성공에 대한 생각이 강화되고, 끈기를 강하게 발휘하게 되며, 열세 가지 성공 원칙을 효과적으로 활용하는 능력이 계발된다. 무엇보다도 가장 중요한 단계는 열세 가지 성공 원칙을 실행에 옮기는 것이다. 이 일에는 단순히 지침을 읽는 것이 아니라, 실천해 나가는 끈기가 필요하다.

나는 끈기가 부족한 사람일까?

자신이 어떤 사람이고 무엇을 실행할 수 있을지 정말로 알고 싶은가? 스스로를 직시하며 이 질문을 해보라.

끈기 부족의 경우 종종 증상과 원인이 같을 때가 있다. 일반적으로 쉽게 포기하는 습성은 목적을 제대로 규정하지 못하고, 계획을 대강 세우는 데에서 비롯된다(둘 중 한 가지만 해당될 수도 있다). 실제로 100명의 사람에게 인생에서 가장 바라는 것이 무엇이냐고 물으면, 두 사람 정도만 인생의 목적을 즉시 정확하게 말할 수 있을 것이다. 대부분의 사람들은 삶을 지루하고 불만족스럽게 터덜터덜 걸어가고, 후퇴하면 쉽게 낙담한다. 그러면서 왜 그런지조차 알지 못한다. 또한 막연한 목표를 지니고, 어째서 목표를 달성하기가 이토록 어려운지 모르겠다며 고통스러워한다. 이런 특성은 모두 수동적인 태도에서 비롯된다. 즉, 목표를 명확하게 규정하지 못하고, 열망을 불타는 열정으로 키워내지 못하고, 목표를 달성할 실용적인 계획을 세우지 못해서라는 말이다.

힐은 끈기 부족을 나타내는 증상, 그리고 거기에 양분을 공급하는 특성을 열여섯 가지로 정리했다. 자신이 어디에 해당하는지 확인하라. 그러면 당신의 성공을 가로막는 장애물을 치워버릴 수 있을 것이다.

① 목적을 명확하게 파악하지 못함

② 망설임

③ 전문 지식을 습득하는 데 관심이 없음

④ 우유부단함

⑤ 장애물이 나타나면 문제를 해결하기보다는 변명하는 습관

⑥ 안주하는 성향. 쓸데없는 자기만족

⑦ 자신이 실제로 바라는 것을 위해 싸우기보다는 안주해버리는 데서 기인한 무관심

⑧ 실수를 저질렀을 때 다른 무언가(혹은 사람)를 '탓하는 습관'

⑨ 열정 부족

⑩ 실패의 조짐이 보이면 쉽게 그만두는 태도

⑪ 체계적인 계획 결여

⑫ 시작하지 못하는 습관, 혹은 아이디어를 실행하지 않는
습관

⑬ 의지를 적극적으로 발휘하는 게 아니라, 그저 막연히 소망
하고 바라면서 시간을 보내는 태도

⑭ 야망 결여

⑮ 물질적 부로 나아갈 지름길만 찾는 태도

⑯ 비판에 대한 두려움

특히 비판에 대한 두려움(제14장 '두려움의 여섯 가지 유령을
넘어서는 법'에서 설명할 것이다)은 특히 우리를 약하게 만들고,
계획을 명확하게 세우기도 전에 아이디어를 사장시키는
결과를 낳는다. 많은 사람들이 타인의 생각이 어떤지 두려
워하는 마음(친구, 가족, 동료, 혹은 대중의 생각) 때문에 꿈을 행
동으로 옮기는 데 방해를 받는다. 이 같은 두려움은 다음
의 네 가지 치명적인 길로 우리를 이끈다.

① 해로운 인간관계에서 벗어나지 못한다.

② 인생 후반에 다시 학교로 돌아가 공부를 다 끝마치는 일

을 시도하지 못한다.

③ '의무'라는 미명하에 행복을 줄이고, 기회를 감소시킨다.

④ 사업상 기회를 놓친다.

끈기를 기르는 법

●

두려움은 가장 최악의 적이다. 두려움을 효과적으로 치료하는
방법은 억지로라도 행동을 반복하는 것이다.

끈기는 마음의 상태로, 수수께끼 같다거나 알 수 없는 자
질이 아니다. 끈기는 주로 다음과 같은 근거에서 발생한다.

– 목적의 명확성

– 열망

- 독립성

- 계획의 명확성

- 적절한 지식

- 협력

- 의지

- 습관

끈기와 관련한 자질을 타고나는 사람도 있지만, 타고난 성향이 어떻든 다음의 수단을 통해 끈기를 기를 수 있다.

① 불타는 열망으로 뒷받침된, 그 열망을 반드시 달성하고야 말겠다는 명확한 목표

② 명확한 계획을 꾸준히 실천하는 일

③ 부정적이고 파괴적인 영향력(제14장 '두려움의 여섯 가지 유령을 넘어서는 법'에서 살펴보겠다)에 대항하는 정신

④ 끝까지 나아가도록 격려하는 조력 집단

　자발적 행동에는 용기가 필요하며, 자발적 행동의 결과로 끈기가 길러진다. 이렇게 끈기를 기르기 위해서는 제2장 '믿음' 편에서 설명한 자신감을 기르는 방법을 따라 하라. 그러면 믿음이 뒤따라 생길 것이다.

　끈기는 누구에게나 평등한 자질이다. 끈기를 기르는 데는 타고난 자질이나 대단한 자본, 혹은 소수의 '행운아'가 지닌 무언가가 필요치 않다. 토머스 에디슨과 헨리 포드는 끈기를 통해 스스로를 차별화했다. 이들은 성공의 사다리 꼭대기로 올라갈 다른 어떤 특수한 자질을 지니고 있지 않았다. 오늘날에도 끈기는 막대한 추종자를 몰고 다니는 선도적인 리더나 인플루언서들을 무명의 사람들과 차별화하는 자질이다. 어떤 형태든 영향력에는 세 가지 중심 자질이 요구된다. 바로 목적의 명확성, 노력 집중, 끈기다.

행동 수칙: 끈기 습관

- 자신의 목적과 그것을 달성하기 위한 계획을 명확하고 명료하게 말할 수 없다면, 이제 자신의 중심 계획을 정리해볼 때다. 초안을 작성하고, 자신의 열망을 언제 어떻게 이룰지 가급적 간결하고 설득력 있게 표현되도록 선언문을 고쳐 써라. 그러고 나서 긍정적인 감정(특히 믿음, 사랑, 성애)에 의해 에너지가 발생할 때까지, 그리하여 다른 사람들, 또는 자기 자신에게 설득력이 발생할 때까지 그것을 반복해 연습하라.

- 목적과 관련한 일을 수행할 때 힘든 업무(혹은 행동) 한 가지를 규정하라. 앞서 설명한 끈기의 근거들을 살펴보고, 끈기 부족의 원인이 무엇인지 확인하라. 목표가 아직 분명치 않아서인가? 열망이 문제인가? 실천 능력 혹은 밀어붙이는 능력이 부족한가? 목표를 달성할 명확한 계획이 없는가? 자신의 현재 상태를 평가해보고, 각각의 카테고리에 명확하게 대답하라. 그러면 끈기 있게 실천해나가기 위한 마음가짐을 갖추는 데 도움이 될 것이다. 목적과 관련한 업무를 수행하거나 행동을 해보고(달력에 예정일을 써두어라), 매일 긍정적인 습관을 기르는 근거들을 읽어보고, 억지로라도 실천해 행동이 습관이 될 때까지 이 과정을 반복하라.

THINK and GROW RICH

제9장

부에 이르는 아홉 번째 원칙

조력 집단의 힘

in TEN MINUTES A DAY

두 사람 이상이 하나의 명확한 목표를 향해
조화롭게 협력하며 일해 노력을 체계화하라.

다수의 힘

●

인간은 자신과 함께하는 사람들의 성향, 습관, 생각의 힘을 취한다.

당신이 어떤 사람인지는 당신과 가장 많은 시간을 함께 보내는 다섯 사람을 보면 알 수 있다고 한다. 가까운 지인은 당신의 자신감, 자존감(비판에 대한 두려움에서 보이는 것으로서), 마인드셋, 삶에 대한 태도, 고난에 생산적으로 대응하는 능력, 전문 지식을 기르고 체계화하고 실행하는 능력에 깊은 영향을 미친다.

많은 시간을 함께할 사람을 신중하게 선택하는 것은 성공의 중요한 요소이지만, 우리는 가족, 동료, 그 밖의 활동에서 함께하는 사람들을 완벽하게 고를 수는 없다. 하지만 성공 여정에서 우리가 통제할 수 있는(배우자만 제외하고) 가장 중요한 협력자는 조력 집단이다. 제4장 '전문 지식' 편과 제6장 '체계적인 계획' 편에서 밝혔듯이 조력 집단이란 자신들의 전문 지식으로 당신의 지식 간극과 약점을 보충해주고 강점을 연마하도록 도와줌으로써, 당신의 능력과 전문성을 보완해주는 소규모의 집단을 말한다. 인맥보다는 훨씬 좁은 범주의 집단이며, 정기적으로 모임을 가진다는 특성이 있다(제6장을 참조하라). 조력 집단은 가장 중요한 직업적 동맹으로, 무척 신중하게 구성해야 한다. 좋아하는 사람이 아니라, 당신의 성공 여정에 가장 이득이 되고, 당신이 계획에 집중하고 그것을 실행하게 해주는 사람이어야 한다. 제6장에서 살펴보았듯이 조력 집단이 효율적으로 제 기능을 하기 위해서는 구성원 모두가 조화의 정신을 유지하며 적극적으로 협력해야만 한다.

조력 집단의 목적은 힘을 모으는 것이다. 끈기와 마찬가지로 힘 역시 막연한 개념으로 여겨질 수 있다. 너무 추상적이어서 구체적인 지침을 실천해 얻을 수 있는 것으로 여겨지지 않는다는 말이다. 하지만 힘은 단지 노력이나 지식을 체계화한 것이라고 할 수 있다. 그래서 이 장에서는 제6장의 내용을 반복해서 언급하게 될 것이다. 즉, 힘이란 지식을 체계적으로 구축해 구체적인 계획을 만듦으로써 발생하는 행동에서 나오는 영향력을 말한다. 조력 집단은 (조직과 행동을 통해) 구성원들 사이에 협력을 용이하게 하고, 노력과 지식이 발현되게 해 각 구성원들에게 한 사람의 개인으로서 사용할 수 있는 것보다 훨씬 큰 힘을 얻어내게 할 수 있다.

지식은 체계적으로 조직하기 전에 먼저 공유해야 한다. 막대한 부를 축적하는 데 필요한 지식을 전부 가진 개인은 없다. 지식의 세 가지 원천은 다음과 같다.

① 무한 지성

② 집단 지성

③ 실험과 연구

무한 지성

영감은 지식의 번뜩임으로, 우주가 안내하는 힘이며, 창조적 상상력과 함께 작동한다. 힐은 이를 육감이라고 불렀다(제5장 '상상력' 편과 제13장 '육감' 편을 참조하라). 생각의 주파수가 높아지면, 정신은 창조적인 상상력을 통해 영감을 전달한다. 이 같은 고차원적인 사고는 긍정적인 감정과 사고 자극에 의해 활발하게 작동한다(더 알고 싶다면 제10장 '성에너지' 편을 참조하라.) 한 사람의 노력이 그와 유사한 정신을 지닌 타인과 조화롭게 협력하면, 무한 지성의 힘에 접촉하기가 더욱 쉬워진다. 무한 지성은 지식의 세 가지 원천 중 하나로서, 누구나 이용할 수 있다. 무한 지성 외에 나머지 두 가지 원천은 변덕스럽고 오류가 있는 인간의 경험에 제한을 받는다.

집단 지성

이것은 인류가 축적한 경험을 통해 얻어지는 종류의 지식으로, 역사서, 기록물, 기억 등 인간이 남긴 기록을 공부해 이용할 수 있다. 이 같은 지식은 학교에서 얻을 수 있으며, 개인이 조사할 수 있다.

실험과 연구

이전에 발견되지 않은 지식은 탐색되어야만 한다. 지식의 세 번째 원천은 실험(과학 연구, 발명, 시행착오), 민족지학적 연구(조사, 평가 등)다.

이따금 창조적 상상력은 이 분야에서도 중요한 역할을 한다. 연구자가 연구 목적을 달성하는 데 번뜩이는 영감이 필요할 때가 있기 때문이다.

부와 연애하기

●

마치 강물의 물살처럼, 인생에도 보이지 않는 힘의 흐름이 존재한다. 한쪽은 부로 나아가는, 즉 위로 올라가는 물살이다. 그 물살은 탄 사람들은 부로 실어 나른다. 하지만 반대로 흐르는 물살도 있다. 반대로 흐르는 물살은 아래로 내려가는 불운의 물살이다. 이 물살(스스로 빠져나올 수 없는 물살이다)은 탄 사람들을 빈곤과 비참한 곳으로 실어 보낸다.

조력 집단의 원칙은 두 가지 주요 이점을 가져다준다.

① 경제적 이점

② 심리적 이점

경제적 이점

조력 집단은 구성원들의 노력과 협력을 통해 경제적 이점을 발생시킬 수 있다. 개인은 협력 집단을 구성해 인맥 기회를 제공하고, 서로의 지식을 보완해주며, 다른 방법으로 각자의 노력을 결집해, 열망을 물질적 부로 전환하는 힘을 키우고 보다 빠르게 목표를 달성할 수 있다.

심리적 이점

개인들이 어떤 특정한 목표를 향해 완벽한 조화의 정신으로 일하면서 힘을 모을 때, 힐이 '세 번째 정신'이라고 부르는 것이 생겨난다. 이들의 정신적 에너지가 크게 확장되어 친밀감이 형성되는 것이다. 이 힘은 구성원 각자의 에너지를 키우고, 무한 지성으로 접촉하는 기회를 크게 확장한다.

힘은 두 방향으로 흘러간다. 부로 나아가는 위쪽 방향, 그리고 빈곤과 비참의 아래쪽 방향이다. 생각의 힘은 그 사람이 나아갈 방향을 정한다. 긍정적인 생각과 감정은 우리를 위로 밀어올리고, 부정적인 생각과 감정은 우리를 아래로 끌어내린다. 어떤 사람들은 이 두 가지 흐름에서 왔다 갔다 하며, 어떤 방향으로도 나아가지 못한다. 지금 우리에게는 노를 잡을 기회가 있다. 이 책에서 설명하는 성공 원칙들을 '실행'하고, 체계화된 지식과 노력이라는 추진력을 이용해 열망의 에너지를 물리적 실체로 바꾸면 된다. 우리에게 필요한 건, 그저 명확한 목표, 강렬한 열망, 그리고 계획을 세우고, 신중하게 실행하고, 조력 집단의 지원을 받는 것뿐이다. 이 요소들이 결합되면, 기회, 부, 그 밖의 웰빙에 대한 긍정적인 징조들이 끌려온다.

생각과 행동을 통해 부를 끌어당겨 열정적인 애인처럼 부를 갈구하라. 그렇지 않으면 가난이 찾아갈 것이다.

행동 수칙: 조력 집단 꾸리기

먼저 현재 자신이 지닌 강점과 전문성이 무엇인지 적어보라. 그다음으로 종이에 2열짜리 표를 그려라. 앞서 작성한 강점 목록을 보고, 왼쪽 열에는 자신에게 부족한 지식과 인맥을 활용할 기회, 그 밖에 목표를 달성하는 여정에서 방해가 되는 약점을 적어라. 오른쪽 열에는 각 분야에서 당신에게 부족한 것을 지닌 사람을 최소 한 사람 이상 적어라. 그런 다음 당신과 완벽히 조화롭게 일할 수 없을 듯한 사람, 일시적인 실패를 패배로 받아들이는 사람, 당신의 믿음과 자존감에 어느 방면이든 부정적인 영향을 미칠 수 있는 사람을 지워라. 이제 남은 사람들로 조력 집단을 꾸려라. 한 주에 적어도 두 번은 모임을 가져서, 지식을 체계적으로 조직하고, 열망을 부로 전환하는 계획을 만들고 수정하라.

제10장

부에 이르는 열 번째 원칙

성 에너지

성적 표현에 대한 열망은
인간이 지닌 가장 강렬하고 충동적인 감정이다.
그렇기 때문에 성적 열망을 다스리고 행동 동기로 삼으면,
그 어떤 열망을 표출할 때보다 천재성이 발현될 수 있다.

가장 큰 동력원

성적 열망이 추동력이 될 때 상상력, 용기, 의지력, 끈기, 그리고 미처 알지 못하던 창조력이 예리하게 작동한다.

힐은 성공의 정점에 도달한 사람들에게서 공통적으로 나타나는 특성 두 가지를 발견했다. 한 가지는 힐이 '고도로 계발된 성적 본능'이라고 부르는 것이며, 다른 한 가지는 성적으로 끌리는 상대에게서 영향을 받고 동기를 부여받았다는 사실이다. 그들에게는 이 두 가지 힘이 행동 원리가 되고, 계획을 실행하고 고난을 뚫고 나가는 에너지가 되었다.

사랑, 믿음, 성애라는 세 가지 긍정적이고 거대한 감정 중 성애의 감정은 마음을 부(물질적이든 다른 형태든)를 끌어당기기에 좋은 상태로 이끈다.

성적 열망은 정신을 고주파수로 자극해 개인과 무한 지성을 직접 연결하게 만든다. 성 에너지 전환은 '승화'라는 심리 법칙의 기본 원리에 따라 이루어지는데, 이때 주의할 점은 '허용되는' 충동과 '허용되지 않는' 충동에 대해 도덕적 판단을 내리지 않는다는 사실이다. 다만 자극은 다스리고, 긍정적인 배출구를 찾아줌으로써 보다 생산적인 수단이 되도록 방향을 조정해야 한다. 다시 말해 성 에너지는 의지, 용기, 상상력, 끈기, 창조력을 활용해 창조적 결과물을 만들어낸다.

자연에서 성 에너지는 그 자체로 건설적인 것으로서, 세 가지 긍정적인 목표를 향해 나아간다.

① 종족 보존

② 건강한 정신 유지

③ 평범함을 탈피한 창조적 재능 발현

하지만 많은 사람들이 성 에너지를 육체적 목적, 즉 개인의 만족감을 위해 지나치게 낭비하거나 잘못 사용한다. 이런 경향은 청년기에 더욱 심해지는데, 이것이 대부분의 사람들이 50~60대가 될 때까지 막대한 부를 쌓지 못하는 이유 중 한 가지다.

천재는 태어나는 것이 아니라 만들어진다

●

사랑, 연애, 성애는 최고의 성취를 이루게 하는 추동력이다.

힐은 천재성이 타고나는 특성이 아니라고 생각했다. 오히려 천재성은 사고의 확장과 생각한 바를 스스로 실행해 기를 수 있다고 보았다.

천재성이란 생각을 자극한 결과로, 평범한 생각보다 훨씬 높은 주파수를 지니고 있으며, 무한 지성(영감)으로부터 나오는 건설적인 주파수를 끌어당긴다. 그 결과 고주파수의 폭넓은 사고를 생산하며, 이러한 사고가 창조적 상상력의 도움을 받아 무한 지성과 결합되면 새로운 지식이 창출된다.

제5장 '상상력' 편에서 말했듯이 창조적 상상력은 완전히 새로운 아이디어를 창출하는 유일한 방법이다. 합성적 상상력, 달리 말해 추론이라고도 하는 이 능력은 기존 지식을 재구성해 새롭게 조합한다. 합성적 상상력 역시 종종 열망을 부로 전환하는 역할을 하지만, 실수를 범하기가 쉽다. 합성적 상상력이 대개 개인적인 경험에서 유래한 것이라서 편견, 기억, 기타 주관적인 요소가 개입하기 때문이다.

정신이 반응하는 고주파수를 지닌 자극원은 다음의 열 가지다.

① 성적 열망

② 사랑

③ 명성, 힘, 돈에 대한 불타는 열망

④ 음악

⑤ 우정

⑥ 조력 집단

⑦ 공동의 고난(이를테면 공동으로 박해받는 경험)

⑧ 자기 암시

⑨ 두려움

⑩ 마약과 술

마지막 열 번째 마약과 술은 파괴적인 자극원으로, 정신에 예측할 수 없고 불안정한 방식으로 영향을 미친다. 앞서 말한 열 가지 자극원 중 한 가지 이상이 정신과 상상력을 활성화시키면, 우리는 의식주와 같은 보다 낮은 단계의 관심사에 대한 속박에서 풀려나고, 아이디어를 창조적으로 표현하는 일과 열망을 현실로 전환하는 일에 극도로 집중하게 된다.

전 세계의 수많은 위대한 발명가들은 다음의 과정을 통해 성 에너지의 힘을 이용해 새로운 지식을 만들어냈다.

① 먼저 기존의 아이디어와 경험들을 합성적 상상력을 통해 조직하고 결합시킨다.

② 앞서 언급한 여덟 가지(두려움, 마약과 술은 제외) 건설적인 정식 자극제 중 하나를 이용해, 정신을 활성화하고 고주파 상태로 만든다.

③ 머릿속에 완전한 그림이 나타날 때까지 기존의 요소들을 결합하거나 만들어내는 데 집중한다. 잠재의식이 받아들일 때까지 계속 그 그림을 마음속에 떠올린다.

④. 떠올린 그림이 잠재의식으로 넘어가면, 모든 생각을 마음에서 지우고 마음속에 답이(영감이라는 형태로) '번뜩일' 때까지 기다린다.

당신에게는 카리스마가 있는가?

●

성 에너지가 결여된 인간은 열정적인 인간일 수가 없다. 또한 다른 사람들에게 열정을 불어넣을 수도 없다.

개인의 매력 혹은 카리스마는 성 에너지 그 이상도 이하도 아니다. 적절한 통로로 나아가면, 성 에너지는 개인의 전반적인 품행에 영향을 미치고, 자기표현 및 열정으로 발현된다. 이 같은 특성에는 '자력이 있어서' 후원자를 끌어당기고 개인의 인생에 긍정적인 영향을 미친다. 사람들은 카리스마가 있는 사람에게 끌리는데, 그 사람에게서 에너지를 받게 되기 때문이다. 에너지를 전달하는 방법으로는 다음과 같은 것이 있다.

- 악수

- 어조

- 자세와 행동거지

- 생각의 주파수

- 옷차림과 스타일

성공한 영업사원들은 이러한 자질을 소유하고 물건을 많이 팔아서가 아니라, 그들의 에너지와 열정으로 효과를 낸다. 성적 열망을 적절한 곳으로 돌려 개인적인 매력을 기르는 일 역시 자기 암시 법칙이 크게 작용한다. 우리가 지닌 생각이 인생에 기회와 긍정적인 영향력을 끌어당기기 때문이다.

행동 수칙: 배출구를 찾아라

연애, 성애, 사랑이 어떻게 당신에게 영감을 주는가? 당신이 이 같은 감정을 느끼는 사람에게 생각을 집중하고, 그들에게 어떤 자극을 느끼는지 써보라.

그러고 나서 목표를 실현하는 데 필요한 실행 계획에 이 세 가지 감정을 적용하라. 목표를 달성해나가면서, 자신이 어떻게 새로운 기회, 관점, 지식, 동업자를 끌어당기는지 곰곰이 생각해보고, 그 계획이 업무의 성격을 어떻게 변화시키는지 기록하라.

THINK *and* GROW RICH

제11장

부에 이르는 열한 번째 원칙

잠재의식

in TEN MINUTES A DAY

잠재의식은 중계 기지로서,
우리의 기도를 무한 지성이 알아들을 수 있는 용어로 바꾸어,
메시지를 표현하고, 계획의 형태, 혹은 기원하는 대상을
손에 넣기 위한 아이디어의 형태로 대답을 돌려준다.

부의 청사진

●

생각은 물질과 같다. 모든 일이 생각 에너지에서 시작되기 때문이다.

잠재의식은 무한 지성과 인간의 정신 사이의 중계 기지다. 잠재의식이 무한 지성과 연결됨으로써 열망이 물리적 실체로 전환될 수 있다. 잠재의식은 밤이나 낮이나 항상 활동하며, 유입되는 감각적 인상과 사고 자극들을 기록하고 (환경에서는 수동적으로, 의식 수준에서는 자발적으로), 우리가 지닌 지배적인 생각을 실체화할 계획을 찾아낸다.

사고 자극의 네 가지 주요 원천은 다음과 같다.

① 무한 지성

② 자신의 잠재의식

③ 의식적인 생각을 방출하는 타인의 정신

④ 타인의 잠재의식

다시 한 번 말한다. 잠재의식은 긍정적인 생각과 부정적인 생각을 차별하지 않는다. 잠재의식은 마음속에서 두드러진 생각, 특히 감정과 결합된 생각을 붙잡는다. 그게 뭐든 관계없다. 한 사람의 정신을 지배하는 생각은 잠재의식이 생각을 물리적 실체로 만드는 청사진의 역할을 한다. 잠재의식은 특정한 목적과 관련한 계획을 만들기 위해 의도적인 생각을 필요로 하지 않는다. 과거 의식 수준에서 무언가를 장벽으로 여기던 생각을 다스리지 않고, 파괴적인 생각이 잠재의식으로 흘러들어가게 둔다면, 잠재의식은 그 나태함의 결과를 그대로 실행할 것이다.

사고 자극 + 감정 = 행동

●

우리 마음에서 긍정적인 감정과 부정적인 감정은 양립할 수 없다.

잠재의식은 지배적인 생각에 먼저 반응할 뿐 아니라, 강렬한 감정이 스며든 열망에 주로 작용한다. 감정은 마치 빵에 이스트를 넣은 것처럼 사고 자극을 부풀려 활동적으로 만든다. 상상력이 긍정적인 감정과 결합되면, 잠재의식과 함께 작용해 열망을 실체화하는 구체적인 계획을 만들어 낸다. 이 과정이 어떻게 일어나는지 떠올리려면, 열망, 믿음, 상상력을 다룬 장(제1, 2, 5장)에서 잠재의식을 다룬 부분을 다시 살펴보라.

제2장에서 다루었듯이, 열망을 지탱하는 가장 강력하고 긍정적인 감정은 믿음, 사랑, 성애의 감정이다. 힐은 여기에 네 가지를 더해 긍정적인 감정을 일곱 가지로 정리했다.

① 열망

② 믿음

③ 사랑

④ 성애

⑤ 열정

⑥ 연애

⑦ 희망

　긍정적인 감정은 자기 암시 법칙을 통해 잠재의식에 주입해야 한다. 하지만 부정적인 감정이 유지되는 데는 어떤 개입도 필요치 않다. 부정적인 감정은 사고 자극에 쉽게 침투하기 때문이다. 특히 잠재의식으로 유입되는 메시지를 적극적으로 관리하지 않으면 부정적인 감정은 우리의 사고 자극에 더 쉽게 침투한다.

　일곱 가지 주요 부정적인 감정은 다음과 같다.

① 두려움

② 질투

③ 미움

④ 복수심

⑤ 탐욕

⑥ 미신

⑦ 분노

핵심은 긍정적인 감정을 생각에 적용하는 습관을 길러서, 긍정적인 감정을 보다 풍부하게 품어 부정적인 감정이 우리 마음속에 들어올 자리를 남겨놓지 않는 것이다. 부정적인 감정과 긍정적인 감정은 우리 마음에서 양립할 수 없다.

열세 가지 성공 원칙은 모두 잠재의식에 영향을 미치는 데 필요한 것들이다. 이 책을 다 읽고 나서, 이 법칙을 따라 실천하도록 노력해 잠재의식의 힘을 이용해 명확한 계획이 발현되고, 그 계획을 실행하라.

기도의 과학

●

자기 암시를 이용해 요구를 잠재의식에 보내고, 다시 무한 지성으로 전달하는 과정은 기도라고 할 수 있다. 사고 자극은 잠재의식에서 전환을 거쳐 무한 지성으로 유입된다. 무한 지성은 (지식의 체계적인 조직을 통해) 영감의 형태로 우리에게 자신의 힘을 나누어주고, 개인이 열망을 최상으로 획득할 수 있는 방법에 대한 구체적인 계획을 만들어낸다.

기도의 과학에서 핵심 요인은 믿음이다. 사고 자극이 믿음이라는 감정과 더해지면, 원래의 생각 주파수가 성공을 끌어당기는 영적 주파수로 전환된다.

행동 수칙: 감정 습관

5분간 자신의 명확한 목표와 그것을 달성하기 위한 현재의 계획을 곰곰이 생각해보라. 자신의 생각에 침투하는 부정적인 생각에 주의를 기울이고, 그 감정들을 종이나 휴대전화 등에 기록하라. 열망 주변에 활발하게 자라난 부정적인 감정과, 사고 과정에서 수동적으로 유입되는 부정적인 감정을 구별할 수 있는가?

부정적인 감정이 만들어낸, 혹은 부정적인 감정이 수반된 모든 사고 자극에 긍정적인 감정을 불어넣어라. 긍정적인 감정 목록을 이용해 그것들로 부정적인 감정을 대체하고, 목표 선언문을 반복해 읽고, 실용적인 계획이 효과를 발휘해 이미 목적을 달성했다고 여기는 마음을 품도록 연습하라. 자신이 품은 열망에 어떤 부정적인 감정도 개입되지 않을 때까지 이 연습을 반복하라.

제12장

부에 이르는 열두 번째 원칙

뇌

인간의 뇌는 생각을 송출하고 전송받는 기지국이다.

붙박이 방송국

라디오 방송의 원리와 유사하게, 인간의 뇌는 에테르라는 매개물을 통해 타인의 뇌가 방출한 생각을 수신할 수 있다.

인간의 뇌는 라디오 방송국과 유사한 원칙으로 기능을 한다. 다른 사람의 뇌에서 내보낸 생각의 주파수를 집어내고, 자신의 생각 주파수를 내보낼 수 있다는 말이다.

창조적 상상력은 뇌의 수신기라고 할 수 있다. 제5장 '상상력' 편에서 살펴보았듯이 (성애, 믿음, 사랑 같은) 강렬하고 긍정적인 감정에 자극을 받으면, 창조적 상상력이 다른 사람의 사고 자극에 보다 잘 감응하도록(생각을 잘 수신하도록) 조율된다. 뇌는 사고 자극의 원천(무한 지성, 자신의 잠재의식, 타인의 의식적인 생각, 타인의 잠재의식적 생각)과, 사고가 자기암시 법칙을 통해 잠재의식에 도달하도록 결정하는 개인의 의식 사이를 중계한다. 사고 자극이 에테르를 통해 전송되고, 우리 뇌에서 인지되어 활성화되기 위해서는 강한 감정이 수반되어 고주파로 진동해야만 한다.

잠재의식은 뇌의 송신기라고 할 수 있다. 이곳은 생각을 에테르 및 무한 지성으로 내보낸다. 자기 암시는 생각이 물리적 실체로 전환될 수 있는 방식으로 중계해 우리가 잠재의식의 기능을 최고조로 이용할 수 있게 해준다. 첫 번째 단계는 자신의 지배적인 열망을 명확하게 규정하는 일이다. 열망이 어떻게 부로 나아가는 생각 습관을 기르는지 알고 싶다면, 제1장 '열망' 편에서 설명한 열망을 부로 전환하는 여섯 가지 단계를 떠올려보라.

과학의 마지막 개척지: 뇌

●

보이지 않는 무형의 힘이 우리를 다스린다.

인간은 뇌의 오직 10퍼센트만을 사용한다는 이야기가 있다. 하지만 이는 사실이 아니다. 우리가 잠이 든 순간조차

도, 뇌의 10퍼센트 이상이 유의미한 활동을 한다. 과학전문지 〈사이언티픽 아메리칸 Scientific American〉에 따르면 사실은 뇌가 기능하는 방법을 우리가 대략 10퍼센트밖에 이해하지 못하고 있을 뿐이다.[1]

힐이 1937년《생각하라 그리고 부자가 되어라》를 출간한 이래 신경과학 분야에서는 수없이 중요한 발견이 이루어졌다. 이를테면 뇌의 후신경구 嗅神經球가 없어도 냄새를 맡는 사람들이 존재하며, 또한 혼수상태 환자들 중 일부는 '숨겨진 의식'이 존재한다는 징후를 드러낸다. 이런 사례들은 신체적 기능을 할 수 없음에도, 뇌가 인지 작용을 하고 지시를 처리할 수 있다는 사실을 보여준다. 그럼에도 아직 뇌에 대해서는 아직 우리가 파악하지 못한 부분이 아직 훨씬 많다.[2]

---

1 Robynne Boyd, "Do People Only Use 10 Percent of Their Brains?" *Scientific American* , February 7, 2008,

2 Yasemin Saplakoglu, "10 Things We Learned About the Brain in 2019," *Live Science* , December 23, 2019,

뇌의 작용이 우리의 생각(그리고 초기 인류 이후의 생활)에 영향을 미친다는 사실은 분명하지만, 우리는 이와 관련한 뇌의 물리적 처리 과정을 다 이해하지는 못한다. 풀리지 않는 수수께끼 하나는 생각이 어떻게 물리적 실체로 전환되느냐는 것이다. 힐은 이렇게 썼다.

"이 같은 복잡한 네트워크 기계가 육체를 성장시키고 유지하는 데 따르는 신체적 기능을 수행하는 목적 하나만으로 존재한다는 사실은 놀랍기 그지없다. 수십억 개의 뇌세포가 서로 소통하는 매개와, 다른 보이지 않는 힘들과 소통하는 수단이 나오는 곳 역시 이 시스템이 아닐까?"

뇌가 최종적으로 수많은 정보를 자극으로 전환하고 물리적 형상으로 실체화하는 복잡한 과정이 어떻게 이루어지는지 밝히려는 추가 연구들은 계속 이어질 것이다.

힐은 창조적 상상력이 욕구나 열망에 반응해 계획을 만들어내는 것과 같은 방식으로 조력 집단 원칙이 정신을 자극하는 데 활용될 수 있음을 실험을 통해 발견했다. 그렇게 하기 위해서는 조력 집단이 모여서, 믿음과 긍정적인 감정이 뒷받침된 특정한 열망을 분명하고 구체적으로 말하고, 조화롭게 논의해야 한다.

이들의 마음이 긍정적인 감정, 하나 이상의 긍정적인 사고 자극원(제10장 '성 에너지' 편 참조)을 통해 자극받아 고주파로 진동하면, 무한 지성의 힘에 접촉하는 제3의 정신이 형성되어 실용적인 계획과 관련한 아이디어가 나타난다. 이에 대해서는 다음 장의 '보이지 않는 자문'을 다룬 내용에서 더 설명할 것이다.

행동 수칙: 수신기 조율하기

강렬하고 긍정적인 감정을 이용해 사고 자극을 고주파로 진동하게 함으로써 창조적 상상력의 근력을 키워라. 그리고 성공한 사람들과 가깝게 지내라. 물리적으로로든 혹은 디지털적으로든(인터넷을 이용해) 그들과 가까워지고, 마음을 비우고, 표면으로 드러난 사고 자극에 집중하라. 의식으로 유입되는 아이디어, 생각, 그리고(혹은) 감정을 기록하라.

제13장

부에 이르는 열세 번째 원칙

육감

육감은 오직 내면으로부터의 정신 계발을 통한
명상에 의해서만 이해할 수 있다.

이것은 기적에 관한 것이 아니다

●

육감의 도움을 받으면, 임박한 위험을 제때 경고받아 피하고, 기회를 제때 알아차리고 붙잡을 수 있다.

육감은 인지 방식으로, 흔히 창조적 상상력이라고 부른다. 번뜩임 혹은 영감이라고도 하는데, 새로운 지식을 마음속에 떠올리게 한다. 차를 운전하고 가다가 '실수할 뻔'했다거나, 문득 어떤 느낌이 들어 사고를 피했던 경우가 있다면, 이 같은 메커니즘에 익숙할 것이다. 창조적 상상력이 어떤 방법을 사용하는지는 정확히 알려져 있지 않지만, 정신적이고 영적인 것만은 분명하다. 창조적 상상력을 자극하는 단계는 제5장 '상상력' 편과 제10장 '성 에너지' 편에서 다루었다. 이 단계는 잠재의식에 관한 사고 자극과 무한 지성과의 소통을 끌어내어 목표 달성을 위한 구체적인 계획을 창출한다.

우리가 완전히 알아내지는 못했지만, 육감의 작용은

'기적'이 아니다. 자연 법칙에 따라 운용되는 것이다. 이것은 주로 우리의 머리를 지배하는 생각이 자신과 합치하는 생각을 끌어들이고 물리적 형태로 전환될 배출구를 찾는다. 랄프 왈도 에머슨은 이렇게 말했다. "우리의 생각과 열망은 자석과 같은 역할을 해, 인생이라는 넓은 대양에서 자신이 지닌 열망과 유사한 특성을 지닌 삶의 조각들을 끌어당긴다."

육감의 원칙이 마지막인 이유는, 앞의 열두 법칙을 모두 완벽히 습득해야 가능하기 때문이다. 힐은 이 단계를 열세 가지 성공 철학의 정점으로 꼽았다. 또한 육감은 경제적 부를 축적하는 데도 필요하지만, 자아실현 및 기타 정신적인 형태의 풍요로움을 일구는 비결이기도 하다. 재화 이상의 것을 추구하는 사람들에게 육감은 자기 자신, 타인, 세계, 그리고 행복으로 가는 길을 깊이 이해할 수 있게 해준다.

보이지 않는 자문 법칙

●

현재의 모습은 자신이 지닌 지배적인 생각과 욕망으로 형성된 것이다.

성공에 필요한 핵심 자질(끈기, 자신감 등)을 계발하는 데 유년기와 환경만 영향을 미치는 것이 아니라면, 육감 역시 한 사람의 성격을 바꿀 수 있다.

힐은 '보이지 않는 자문'을 두고 따랐는데, 바로 자신이 지니고 싶은 특성을 지닌 인물들을 모아 상상 속에서 조력 집단을 꾸린 것이었다. 처음 그가 꾸린 상상 속 조력 집단은 랄프 왈도 에머슨, 토머스 에디슨, 토머스 페인, 찰스 다윈, 에이브러햄 링컨, 데이비드 버뱅크, 나폴레옹 보나파르트, 헨리 포드, 앤드루 카네기 이렇게 아홉 사람이었다.

보이지 않는 자문 법칙을 사용하는 방법은 다음과 같다.

① 자신이 가장 계발하고 싶은 자질을 결정하라.

② 생존 인물이든 과거의 인물이든 상관없이, 자신이 가장 계발하고 싶은 자질을 지닌 사람을 찾아라(자질마다 각기 다른 사람을 찾으라).

③ 상상 자문위원회 의장으로서 머릿속에서 자문회의를 개최하라. 자문위원들의 존재를 이미지화하고, '실제로' 느껴야 한다.

④ 이 같은 자질을 기르기 위해서는 정신을 자극하는 긍정적인 감정을 이용하고, 실용적인 계획이라는 형태로 영감을 받을 수 있도록 정신을 조율하라.

⑤ 자기 암시 원칙을 이용해 자문위원들 한 사람 한 사람에게 말을 걸라. 당신이 열망하는 자질을 그가 어떻게 길렀는지 가르쳐 달라고 요청하라.

⑥ 이 계획을 즉시 실천하라.

행동 수칙: 상상의 자문들을 모아라

상상 속의 자문들을 회의 탁자로 불러모으려면, 앞서 설명한 여섯 단계의 방법을 완수하라. 하루 한 번 자문회의를 여는 것에서 시작해, 거기서 얻은 관점 혹은 결과 변화를 기록하라.

제14장

두려움의 여섯 가지 유령을 넘어서는 법

두려움과 가난에 대한 생각은
용기와 경제적 부라는 말로 번역될 수 없다.

두려움의 여섯 가지 유령

●

열세 가지 성공 원칙을 효과적으로 실행하려면, 시스템이 기능을 발휘하지 못하게 만드는 세 가지 적을 구별해야만 한다. 바로 우유부단함, 의구심, 그리고 두려움이다. 이 세 가지 부정적인 마음가짐은 서로 밀접한 관계가 있다. 우유부단함은 의구심을 키우고, 의구심은 다시 두려움으로 변한다. 이 세 가지 마음은 잠재의식을 공격해 극도로 은밀하게 퍼져나가며, 종종 발각당해도 저항하며 몸집을 키운다. 이것들은 마음에만 존재하는 무형의 힘이기는 하지만, '현실'의 어떤 적보다 인류에게 큰 피해를 끼친다.

여섯 가지 기본적인 두려움을 가장 흔한 것에서 흔하지 않은 것 순서대로 정리하면 다음과 같다.

① 가난에 대한 두려움

② 비판에 대한 두려움

③ 질병에 대한 두려움

④ 사랑하는 사람을 잃을지 모른다는 두려움

⑤ 노년에 대한 두려움

⑥ 죽음에 대한 두려움

그 밖의 두려움들도 크게 보아 여기 여섯 가지 두려움에 속한다. 가난, 비판, 질병에 대한 두려움은 전 세계적으로 사람들이 가장 많이 갖는 두려움인데, 주기적으로 한 가지 이상의 두려움이 사회를 지배하곤 한다. 이를테면 경기 침체 시기에는 가난에 대한 두려움이 득세하고, 팬데믹 시대에는 질병과 죽음에 대한 두려움이 득세하는 식이다.

이 책에서 설명하는 부에 이르는 법칙이 무척 효과적인 것과 똑같은 이유에서 두려움의 효과 역시 막대하다. 강한 감정이 실린 사고 자극이 물리적 형태의 출구를 찾는다는 것이다. 다시 말해 두려움에 초점을 맞추면(혹은 두려움이 마음에 들어오면), 그 두려움이 있는 방향으로 행동하게 될 것이다. 기억하라. 적극적으로 유입된 생각이든 수동적으로 유입된 생각이든 모두 잠재의식에 스며들어 행동으로 나타나게 되고, 그에 따라 잠재의식에 긍정적인 생각만을 심어주고 외부 환경으로부터 유입된 파괴적인 생각은 걸러내어 생각을 다스리는 데 실패하게 된다. 이는 자기 암시의 법칙을 스스로 불리하게 사용하는 것이나 마찬가지다. 건설적인 생각만을 허용하고 자신의 마음을 다스리는 일은 '전적으로' 개인의 통제 범주 안에 들어 있다.

가난에 대한 두려움

총론

가난에 대한 두려움은 여섯 가지 기본 두려움 중 가장 파괴적이다. 다스리기가 가장 어렵기 때문이다.

근원

자신의 경제적 부, 특히 경제 상황이 어려운 시기에 다른 사람에게서 자신의 경제적 이득을 취하는 성향의 탐

욕스러운 사람들이 원인이 되었다. 그리고 가난이 수반하는 고통(한 사람의 인격을 날려 버리기도 한다) 역시 원인이다.

결과

가난을 기꺼이 받아들이는 의지가 당신을 목표로 향한 여정에 데려다줄 것이다.

증상

▸무관심_ 야망 부족

▸우유부단함_ 스스로 생각하지 않는다.

▸의심_ 실패에 대한 변명거리를 찾는다.

▸걱정_ 자신(낭비나 폭음 같은 자기파괴적 행동으로 나타나기도한다)과 타인(비난)에 대해 부정적인 생각을 한다.

▸지나친 조심성_ 실패 가능성에 초점을 맞추고, 행동을 주저한다.

비판에 대한 두려움

총론

비판에 대한 두려움은 창조력, 스스로에 대해 생각하는 능력, 진취성을 무너뜨린다. 비판은 두려움과 억울함의 씨를 뿌리는 일일 뿐이다. 반대로 사랑과 건설적인 평가는 성장의 마인드셋을 낳는다.

근원

비판에 대한 두려움은 다른 사람이 얻어낸 것을 빼앗고, 상대의 자질에서 잘못된 부분을 찾아 그 행위를 합리화하려는 인간의 성향에서 기인한다. 특히 유년 시절 부모에게서 많은 비판을 받고, 그로 인해 열등감을 갖게 된 사람들에게 두드러지게 나타난다(이를 극복하는 방법은 제4장 '전문 지식' 편을 참조하라).

결과

작게는 시대적 규범과 행동 양식을 강박적으로 따르려는 모습으로 나타난다. 크게는 정책이나 다수의 의견에 공개적으로 의문을 제기하는 행위를 두려워하는 모습으로 나타난다.

- 수줍음_ 사회생활을 어려워하고 숫기가 없다.
- 침착성 부족_ 긴장한 제스처 및 어조
- 우유부단함_ 자기 의견을 세우거나 단호하게 입장을 표명하지 못한다.
- 열등감_ 외모 및 다른 사람에게 인상을 남기기 위한 기타 수단에 과하게 집착한다.
- 낭비_ 시대적 규범과 행동 양식을 따르기 위해 분수에 넘는 지출을 한다.
- 진취성 부족_ 행동력 부족
- 야망 부족_ 일시적인 실패에 쉽게 굴복하고, 개인적·직업적 성취에 일반적으로 게으르다.

질병에 대한 두려움

질병에 대한 두려움은 노년에 대한 두려움 및 죽음에

대한 두려움과 밀접한 관계가 있다. 이 세 가지 두려움은 죽음에 직면하는 인간이기에 존재한다.

근원

주요 원인은 죽음 이후의 운명에 대한 두려움 및 건강 약화로 인해 생겨나는 경제적 비용이다. 이 두려움은 가짜 '건강을 파는' 사람들이나, 만병통치약, 예방약 등을 파는 사람들로 인해 악화될 수 있다.

결과

질병에 대한 두려움은 종종 자신이 두려워하는 특정 질병에 관한 신체적 증상을 만들어내기도 한다. 병은 암시로 인해 걸리기도(또는 치유되기도) 하기 때문이다. 질병은 부정적인 생각에서 시작될 수 있다.

증상

- 유행하는 건강 제품에 중독_ 늘 만병통치약, 유행하는 식이 요법, 운동 요법, 전문가의 처방이 아닌 기타 실험적 요법들을 찾는다.
- 건강염려증_ 머리로 인식한 증상을 실제 겪을 정도

로 증상에 집중한다.

· 면역력 저하_ 질병이 좋아하는 환경을 만듦으로써
신체의 질병 저항력을 감소시킨다.

· 응석_ 질병을 인식 혹은 예상해 응석을 부리고, 실패
나 야망 부족의 핑계로 삼는다.

· 음주벽_ 원인을 찾기보다는 질병으로 인한 증상을
누그러뜨리려고 술을 과하게 마신다.

사랑하는 사람을 잃을지 모른다는 두려움

총론

사랑하는 사람을 잃을지 모른다는 두려움은 여섯 가지
기본 두려움 중 가장 고통스럽다.

근원

사랑하는 사람을 잃을지 모른다는 두려움은 배우자의
애정과 관심을 좇고, 또 그러한 노력을 마다하지 않는
인간의 성향에서 비롯된다.

결과

가장 공통적인 결과는 질투다.

증상

- 질투_ 친구나 사랑하는 사람을 끊임없이 의심하고, 정당한 이유 없이 불륜을 의심한다.

- 트집_ 모든 사람에게서 비난거리를 찾는다.

- 돈에 대한 일탈적 관념_ 스스로에 대한 우월감을 느끼기 위해, 사랑하는 사람을 잃을까 봐 그 상대에게 잘 보이려고 도박, 절도, 사기 등 비정상적인 행위로 수익을 추구한다.

- 불륜_ 배우자를 믿을 수 없게 될까 봐 두려워하기 때문에 오히려 배우자를 기만한다.

노년에 대한 두려움

총론

노년에 대한 두려움은 나이가 들수록 점점 강해진다.

노년에 대한 두려움은 우리 유전자 속에 박혀 있는 것으로, 노년이 가난을 부르게 된다는 두려움과, 종교의 영향으로 그 후에 다가올 세계에 대한 두려움에서 기인한다. 역사적인 설명 외에 다른 것으로는, 자기 유산을 탐내는 사람들에 대한 불신, 질병 가능성, 성적 매력/활동성 감소에 대한 두려움과, 경제적·신체적 자유를 상실하게 되리라는 생각에서 기인한다.

이따금 어린애 같은 행동을 하거나 향수에 젖는다.

- 중년의 위기_ '중년기'에 갑자기 미성숙한 행동을 하는데, 이는 자신의 '전성기'가 지나갔다는 데서 기인한다.

- 열등감_ 나이 때문에 자신에 대한 생각이나 이야기를 덜 하게 된다. 자신이 '미끄러지고 있다고' 생각한다.

• 안주_ 새로운 것을 배우기에는 너무 나이가 들었다는 잘못된 생각으로 인해, 꿈을 행동에 옮기지 않거나, 상상력을 이용하지 않는다.

죽음에 대한 두려움

총론

현대 과학과 고등교육은 많은 사람들을 죽음에 대한 공포에서 해방시켜주었다.

근원

지옥불 혹은 무無의 상태에 대한 두려움이 주요 원천이다. 종교적 믿음 혹은 무종교적 상태를 바탕으로 한 것이다.

결과

죽음을 현실로 받아들일 수 있다면 마음에서 생각을 몰아낼 수 있게 되고, 그러면 다른 사람들에게 봉사하고, 성취에 대한 불타는 열망에 집중할 수 있게 된다. 이 두 가지가 죽음에 대한 최고의 치료제다. 삶이란 에너지이

며, 그런 연유로 창조하거나 파괴할 수 있는 성질의 것
이 아니다. 그것은 자연의 섭리다. 죽음을 또 다른 형태
의 전환이라고 단순하게 바라보라.

증상

- 활동 부족_ 인생에 존재하는 것보다 죽음에 집중한
  데 대한 결과로, 우유부단함 혹은 게으름이 나타난다.
- 저장 강박_ 가난 및 가족에게 아무것도 남겨주지 못
  하게 되리라는 두려움으로 저장 강박적 행동이 나타
  난다.
- 종교적 광신_ 종교 교리에 극단적으로 사로잡힌다.
  죽음에 더 잘 대비했다고 자족적인 느낌을 받는 방식
  이다.

걱정

●

여섯 가지 두려움은 우유부단함을 거쳐 걱정하는 상태로 나아간다.

걱정은 두려움에서 기인한 마음의 상태다. 두려움이 잠재의식으로 스며들어 마음을 불안정하게 만들 때 생겨나며, 이 같은 걱정은 우리를 무력하고, 결단력 없게 만든다. 걱정은 자신감을 없애고, 꿈을 위해 행동하는 능력을 감소시킨다.

걱정은 우리가 피해야 할, 다음의 네 가지 부정적인 결과를 일으킨다.

① 파괴적인 생각은 다른 사람에게도 전이된다.

② 걱정은 이성의 능력(합성적 상상력)과 창조적 상상력 둘 다 마비시킨다.

③ 두려움은 스스로 잠재의식에 스며들어 물리적 실체를 만들도록 작용한다.

④ 걱정은 성격을 부정적이고 불쾌하게 만든다.

걱정의 치료제는 결단력이다.

- 가난에 대한 두려움의 치료제는 자신이 어떤 재료를 가지고 있든지 일단 행동하기로 결정하는 것이다.

- 비난에 대한 두려움의 치료제는 다른 사람들이 무슨 말을 하는지, 어떻게 생각하는지, 어떤 행동을 하는지 신경 쓰지 않기로 결정하는 것이다.

- 질병에 대한 두려움의 치료제는 어떤 증상이 나타났을 때 진짜 의료 전문가를 찾고 그들을 신뢰하기로 결정하는 것이다.

- 사랑하는 사람을 잃을지 모른다는 두려움의 치료제는 사랑하는 배우자가 있든 없든 충만하고 의미 있는 삶을 살기로 결정하는 것이다.

- 노년에 대한 두려움의 치료제는 노화 과정을 인정하기로 결정하는 것이다.

- 죽음에 대한 두려움의 치료제는 죽음을 수용하기로 결정하는 것이다.

걱정하는 습관의 치료제는 두려움의 실체가 거기에

치르는 대가만큼 가치 있는 게 아니라는 것을 깨닫는 것
이다.

일곱 번째 악마

●

의심할 바 없이, 인간이 지닌 가장 공통적인 약점은 타인의 부정
적인 영향력에 자신의 마음을 열어두는 습관이다.

여섯 가지 두려움과 전혀 다른 면에 존재하는 커다란 악
마는 부정적인 영향을 쉽게 받아들이는 성향이다. 자신
의 내면(개인의 성향) 혹은 타인으로부터 이 같은 영향을
받을 수 있다. 우리는 자신의 약점과 관련한 부정적인 이
야기를 가장 쉽게 받아들인다. 인간의 가장 깊은 약점은
우리가 타인으로부터의 부정적인 영향력에 마음을 열어
두는 습관을 지녔다는 점이다. 이런 영향들은 무척이나
서서히 스며들며, 종종 잠재의식에서 활동하며 야망과

자기 신뢰감을 공격하기에, 이것들을 방어하기는 지극히 힘들 수 있다. 설령 그 사실을 인식했다 해도 그것에 맞서 바로잡기가 어렵다.

이 악마에게서 자신을 보호하려면 의지를 다스려야만 한다. 의식적으로 부정적인 감각 자극을 하나하나 확인하고 걸러내어, 잠재의식 주변에 요새를 쌓아라. 당신을 낙담하게 만드는 부정적인 사람들을 멀리하고, 대신 주변에 당신이 스스로 생각하고 행동하도록 격려하는 사람을 두어라. 자신의 단점에 대한 변명의 소용돌이에 휩쓸리지 마라. 실패에는 변명이 필요 없다. 변명은 오직 자신의 인생과 결과에 대한 책임감 부족의 증거일 뿐이다.

행동 수칙: 성공을 위한 정신적 환경을 구축하라

여섯 가지 기본 두려움과 일곱 번째 악마를 알았으니, 이를 토대로 자신의 마음을 어떤 '유령'이 사로잡고 있는지 확인하라. 정직하게 마음을 열고 판단해야 한다. 당신의 삶에는 어떤 증상이 나타나고 있는가? 당신은 어떤 두려움으로 가장 괴로운가?

자기 평가가 끝났다면 이것을 근거로 해서 적을 제거하기로 결심하고, 행동 계획을 세워라. 그리하여 열세 가지 성공 철학 전체를 실천하기 위한 고도의 건설적인 정신적 환경을 구축하라.

열세 가지 성공 원칙을
반복해서 확인하라

이 책《하루 10분, 생각하라 그리고 부자가 되어라》는 한 번 읽고 치워두는 종류의 책이 아니다. 여러 주, 여러 달, 여러 해 동안 반복해서 읽으면서 의식에 성공을 강하게 새겨 넣고, 목표를 현실로 바꾸는 자신의 능력을 최고조로 끌어올려라. 세계 최고의 기업가들은 자신이 나폴레온 힐의 책을 적어도 1년에 한 번 이상 읽으면서 열세 가지 성공 원칙들을 다시 확인하고 그 개념들을 마음속에 계속 품는다고 말할 것이다.

이제 이 책을 다 읽었다면, 매일 같이 한 장chapter씩 다시 읽어라. 자신이 열세 가지 성공 철학을 얼마나 깊이 이

해하고 있는지, 그 과정에서 새로운 사고 자극이 자신에게

얼마나 유입되었는지 알게 될 것이다. 이 책에서 제시하는

대로 자신의 성장 과정을 꾸준히 기록하라. 그러면 하루

10분으로 자신이 얼마나 큰 성공을 거두게 될지 놀라지 않

을 수 없을 것이다.

하루 10분,
생각하라 그리고 부자가 되어라

1판 1쇄 인쇄 2026년 1월 30일
1판 1쇄 발행 2026년 2월 10일

—

지은이 나폴레온 힐
옮긴이 이한이

—

펴낸이 백성빈
펴낸곳 반니출판
주소 서울 서초구 서초중앙로 69 806호
전화 02-6204-0491
전자우편 banni@banni.co.kr
출판등록 2025년 10월 13일 (제2025-000266호)

—

ISBN 979-11-24280-21-8 03320

—

책값은 뒤표지에 있습니다.
잘못된 책은 구입하신 곳에서 교환해드립니다.